홍성파 부주술

초판 2014년 7월 21일
글 Red S John, 全眞又. 펴낸곳 (주)늘품플러스 펴낸이 전미정
출판등록 2008년 1월 18일 제2-4350호 주소 서울 중구 필동1가 39-1 국제빌딩 607
전화 070-7090-1177 팩스 02-2275-5327 이메일 go5326@naver.com 홈페이지 www.npplus.co.kr
ISBN 978-89-93324-69-3 03150 정가 18,000원

ⓒ全眞又, 2014

이 책은 저작권법에 따라 보호받는 저작물이므로 무단 전재와 무단 복제를 금지하며,
이 책 내용의 전부 또는 일부를 이용하려면 반드시 저작권자와 (주)늘품플러스의 동의를 받아야 합니다.

자료번역 홍도영
글 Red S John(全眞又)

머리말

부적(符籍)에 관한 이야기

부적은 현대에서 많은 이들에게 '미신(迷信)'과 '사기(詐欺)'로 취급받고 있는 오컬트(Occult)분야에 속한다. '왜? 어쩌다 이렇게 되었을까?'에 대해 한 번씩 생각해 보아야 한다. 부적 한 장에 내담자의 인생이 바뀔 것이라고 과장하여 선전하는 거짓된 술사(術士)들과 수련(修練), 또는 제례(祭禮) 과정 없이 책에서 베껴 그리는 행위만 반복하여 효과 없는 부적만 양산해내는 그런 현실이 이제 우리 술사들의 발목을 잡게 만들었던 것이라고 필자는 생각한다.

부적과 주술(呪術)은 술사에게 하나의 '칼'과 같은 존재이다.

부주술(符呪術)은 의도하고 사용하는 사람에 의해 나뉘는데, 가령 이성과의 연애에 이로운 부주술을 사용한다고 할 때, 사용하는 대상이 이미 가정을 이룬 부부의 금슬을 위해 사용한다면 부부간의 금슬이 좋아져 가정생활에 보탬이 되는 것으로 부주술의 선한 정법(正法)이 되지만, 불륜을 이루고자 하는 이에게 이 부주술을 사용한다면 그것이 바로 부주술을 악용한 부정한 법이 되는 것이다.

그러므로 부주술을 익히고 수련하는 사람들은 항상 금전의 유혹에 자신의 심지가 흔들리지 않도록 유의해야하며 적재적소에 사용해야함을 잊지 말아야 한다.

현재 우리나라에 공개된 대부분의 부적들은 그 사용용도와 부적의 그림으로만 구성되어있었다. 또 부적을 쓰는 방법에 대해서도 그 작성시간과 마음가짐이나 태도는 나와 있지만 구체적으로 어떤 '경문(經文)', 어떤 '신(神)'을 호칭하는지도 자세히 나와 있지 않은 것이 많다. 이에 필자는 부적의 작법(作法)에 관해 그 빠진 부분을 찾으러 대만, 일본 등지를 돌아다니며 책과 자료를 수집하였고 그 결과 누구나 예법을 갖추면 사용할 수 있는 대만 민단(民團)이 보편적으로 사용하는 방법을 정리할 수 있게 되었다.

필자는 이 책을 통해서 –부적을 내담자들에게 제공할 수밖에 없는 이들, 또 부적을 익히고 싶지만 마땅한 방법이나 공부를 할 수 없는 이들이– 스스로 기도하고 자신을 정화하며 내담자들에게 자신의 기도와 정성이 가득한 부적을 제공할 수 있기를 마음깊이 바라고 있다. 그런 변화를 통해 내담자가 술사로부터 받은 부적들이 조금이라도 효과를 드러낼 때 우리 술사들을 바라보는 사회의 시선이 조금씩 나아질 것이라고 기대하고 있다.

아울러 필자의 자료를 모두 번역하고 정리한 번역가 홍도영님에게도 감사드린다.

2014년 5월 22일
Red S John(全 眞 又)

* 이 책의 내용은 대만의 민간 도교에서 사용하는 부주술을 기반으로 하였습니다.

차 례

제1장. 부주술
1. 부적의 종류 11
2. 부적파의 맥 13
3. 부적작성 금기일 15
4. 부적수련과 성생활 16
5. 부적 수련 시 경계해야 할 것 18
6. 부적의 구성요소 19
7. 부적은 만병통치약이 아니다 21
8. 신단 26
9. 부적을 작성하기 위한 준비물 28

제2장. 신을 청하는 법식
1. 상향 36
2. 봉차 36
3. 칙정부 37
4. 수찬 39
5. 쇄정 39
6. 향찬 39
7. 정구신주 40
8. 정심신주 40
9. 안정신주 40
10. 정삼업신주 41
11. 정단신주 41
12. 안토지신주 42
13. 정천지신주 42
14. 금광신주 43
15. 청고, 청신문 43

제3장. 호신평안부주법
1. 주문 62
2. 부적작성 65
3. 주문 66

제4장. 혼백회귀본신부주법

1. 유아에게 나타나는 경기를 판단할 때 72
2. 주문 73
3. 부적작성 75
4. 주문 77

제5장. 거사법

1. 증상 82
2. 주문 83
3. 사기를 쫓아내는 순서 84

제6장. 실용치병부록편

1. 주문 90
2. 부주술의 순서 91
3. 질병에 따른 부적 92

제7장. 문답집

1. 공부하기 위해서 무엇이 필요한가? 109
2. 신성에 대하여 110
3. 경문은 어떻게 사용하는가? 111
4. 신성을 받들어 공경하며 예를 갖추는 예법 112

제8장. 경문집 117

제9장. 실용부적 143

제1장
부주술

1. 부적의 종류

부적(符籍)의 종류는 크게 두 가지로 나눌 수 있다.

첫 번째는 기(氣)부적을 말할 수 있다. 기 부적은 작성하는 사람의 기에 따라 효험의 결과차이가 심하게 난다.

기 부적은 기공술, 또는 기도를 수련한 사람이 작성하는 부적으로 자신이 수련(修鍊)한 형태의 기 흐름을 일정한 규칙 없이 그려내는 것이다. 어떤 경우에는 동그라미만 무한하게 반복하여 그리는 경우도 있고, 또 어떤 경우에는 그림이나 상징(象徵), 기존의 부적형태를 그려 기를 불어 넣는 방법을 취하기도 한다. 이런 방법은 부적을 작성하는 사람의 기도나 모시는 신령(神靈), 또는 기공술의 영향에 따라 그 효험의 강약(强弱)이 있다.

두 번째는 예법(禮法)을 갖추어 작성하는 부적이 있는데, 이 경우는 자신이 주로 사용하려는 부적을 일정기간 예법에 맞추어 수련하면 사용가능하다. 여기에서 예법을 갖춘다는 것은 작든 크든 신단(神

壇)이 있어야 하며, 부적이 요구하는 주문, 그리고 신(神)의 모습을 심상(心想)으로 떠올리는 수련까지 이 과정에 속한다.

이는 현재 중국, 대만, 홍콩등지에서 많이 사용하는 방법으로 도교(道敎)의 신들을 모신 신단에서 예법에 맞추어 제례(祭禮)를 올리고 부적이 필요한 이유를 공손히 알리고 기원하며 만드는 부적을 말하는데, 이때 신단의 모습이나 크기는 민단에 퍼져있는 도교의 모습만큼이나 천차만별(千差萬別)이다.

이 책에서 제공하는 부적작성법은 바로 이 예법을 갖추는 방법을 소개한다. 그러나 제단구성이나 도교의 신을 '섬긴다.'라는 면에서 미리 부담을 가질 필요는 없다. 이 책에서는 그 단계를 간소화하여 꼭 필요한 방법만을 정리했으니 독자들은 자신이 처한 상황에서 따를 수 있는 만큼만 정성껏 따르면 되는 것이다.

2. 부적파의 맥(脈)

부적을 공부하면서 반드시 부적의 역사(歷史)를 암기해야할 필요는 없지만, 그래도 부적을 공부하는 술사로서 부적이 어떤 경로와 어떤 인물들에 의해 전해져 왔는지는 알아두어야 할 필요가 있다.

도교로부터 전해져 오는 오대(五代)도파는 적선도파, 부적도파, 경전도파, 점험도파, 단정도파로 알려져 있다. 적선도파는 대부분 각 가정에 모셔진 사당 및 재단이 이에 속하며 문창제군(文昌帝君)을 모시는 특징이 있다.

부적도파는 용호정일종, 서산정명종, 합비영보종, 산모상청종으로 나뉜다. 점험도파는 귀곡종과 저리종으로 나뉘며 후대에 주선도, 청호선생, 숙길, 곽박, 도간으로 이어진다. 이 도파는 복서, 명리, 지리, 천문 등의 술수를 깊이 연구하는 특색이 있다.

단정도파는 북종과 남종으로 나뉘며, 용문파, 수산파, 나무파, 우산파, 청정파, 화산파, 룬산파가 북종칠진으로 불리며 북종에 속한다.

또, 석행림, 설도광, 진미환, 백자청을 남종오조라고 불리며 남종에 속한다.

경전도파는 동진문, 동현문, 동신문으로 나뉜다. 이 경전도파는 진나라 시대에 최고로 발달 했었던 도파이다.

또, 도교에는 네 개의 유파 법단이 있는데 용호산 장천사파의 정일현단과 모산 모군파의 상청법단, 그리고 서산 허생양파의 정명법단, 합비산 갈선옹파의 영보현단을 말한다. 이 네 개의 법단이 원나라 때 인가를 받아 개정되고 후대로 이어진 것이 만법종단이다.

3. 부적작성 금기일(禁忌日)

이 내용은 부적을 작성하지 않아야 하는 날을 말하는데, 1년 중 4일은 부적 작성을 금하는 날이다.

　　　　　금기일(禁忌日)
　　　　　음력　3월 초 9일
　　　　　음력　6월 초 2일
　　　　　음력　9월 초 6일
　　　　　음력 12월 초 2일

3월 9일은 양공(양구빈)의 제삿날이며, 6월 초 2일 9월 초 6일 및 12월 초 2일은 더불어 금했는데 이 4일은 삼호신이 임하는 날이기 때문이다.

4. 부적수련과 성생활(性生活)

도교에 입문한 것이 아닌 속가(俗家)의 상태로 도교의 엄한 방금(防禁-금지사항)을 따르기엔 무리가 있다. 특히, 도가(道家)의 수련에는 기초를 쌓기 위하여 금욕(禁慾)을 주장하는데 조금이라도 소홀하다면 그 공력(功力)이 사라지는 것을 경고한다. 하지만 속가(일상생활을 하며 부적을 수련하는 경우)에서 부적을 수련하기 위해 성생활을 절제하려 한다면 도교에서 말하는 이 날짜에는 성생활을 하지 말아야 한다.

① 하지(夏至) 후 천간(天干)이 병(丙), 정(丁) 일과 동지(冬至) 후 경(庚), 신(辛) 일로 모두 음양에 위배(違背)가 되는 날이라 크게 흉하다.

② 큰 달(30일 까지 있는 달) 17일과 작은 달(29일 까지 있는 달) 16일은 모두 좋지 못한 날짜이니 이 날 성교를 한다면 혈맥(血脈)이 손상되는 경우가 생긴다.

③ 장기여행과 음식을 배불리 먹는 것, 술을 많이 마시는 것과 크게 기뻐하거나 크게 슬퍼하는 것을 삼가는 것이 좋다.

④ 남녀의 질병이 아직 회복되지 않았을 때와 여자가 생리를 할 때, 아이를 금방 낳거나 유산한 여자는 모두 음양에 불리하니 기(氣)를 손상시킨다.

⑤ 5월 16일은 천지의 기운이 제일 위험할 때이니 이날 최고로 경계해야 할 것은 주색이다.

⑥ 5월 초 1일에서 초 5일까지 또 11에서 15일 까지 22일, 23일, 24일 등은 모두 색을 금하여야 된다.

⑦ 협기변방서(協記辨方書)에 말하기를 입춘(立春). 입하(立夏). 입추(立秋). 입동(立冬) 이 4가지 절기(節氣) 하루 전날을 사절(四節)일이라고 하는데 동지(冬至) 전날을 수리(水理)라고 하고 하지(夏至) 전날을 하리(夏理)라고 하며, 춘분(春分) 전날을 목리(木理), 추분(秋分) 전날을 금리(金理)라고 부르며, 이것을 모두 통틀어서 "사리(四理)"라고 하여, 이때에도 성교는 피하는 것이 좋다.

5. 부적 수련시 경계해야 할 것

도교에서 전해지는 여섯 가지의 경계사항이 있는데, 이를 꾸준히 평상시와 평생에 걸쳐 한다면 좋겠지만, 그것이 어려운 속가의 사람들은 중요한 부적을 쓰기 며칠 전부터 스스로 이 규칙에 따라 자신의 몸과 마음을 정화(正化)할 필요가 있다. 이 경계는 인간의 정욕(情慾)을 끊는 방법이다.

① 눈 : 난잡하거나 화려한 것을 보게 되면 눈곱이 끼는데 이를 경계해야 한다.
② 귀 : 난잡한 소리를 듣지 않는 것을 통해 청정함을 유지해야 한다.
③ 코 : 잡다한 냄새와 비린내들을 피해 청정함을 유지해야 한다.
④ 입 : 기름기 많은 음식 혹은 불에 태운 음식 등을 피해야 한다.
⑤ 손 : 도둑질을 하지 않아야 하며 이를 경계로 삼아야 한다.
⑥ 마음 : 눈, 귀, 코, 입, 손에 의해서 영향을 받는 것이니 항시 조심하고 경계해야 한다.

6. 부적의 구성요소

부적이란 신의 힘을 빌려 현세(現世)에 필요한 현상(現象)을 일으키기 위한 '기호(記號)'이며 '메시지(Message)'이다.

그러나 지금 한국에서 사용되고 있는 대부분의 부적은 단순히 기호를 그린 '그림'에 지나지 않는다. 물론 불교용품점에서 파는 대량 인쇄된 부적을 구입해서 아무 조치 없이 손님에게 넘기는 부적들도 역시 마찬가지이다. 왜 그럴까? 동양사상(東洋思想)은 '천(天), 지(地), 인(人)', '정(精), 기(氣), 신(神)'처럼 모두 세 가지의 구성을 기본으로 한다. 또, 많이 알려진 밀교(密敎)의 수련법에도 마찬가지로 '신(身), 구(口), 의(意)'라 하여 삼밀(三密)을 갖추고 수련하는 것을 기본으로 한다. 이처럼 부적의 구성요소 역시 세 가지가 존재하는데, 그 세 가지의 구성은 '신(神), 부(符), 주(呪)'으로 정리할 수 있다.

첫 번째 '신'이란, 그 부적과 연결된 도교의 신, 또는 불교에서 말하는 관세음보살의 모습과 상징(象徵)을 말하는데, 모습은 그 신의 이미지(탱화 등)를 통해 그 신의 역할이 어떤 인간사(人間事)에 연결되어 있는지를 알 수 있다. 또 신을 이미지 한 탱화, 그림 등에는 반드시 그 신을 상징하는 도구가 그려져 있는데 이것을 꼭 기억해야만 한다. 예를 들어 '백의대사(백의관음)'님의 이미지를 수련 중에 떠올릴 때는 백의대사님의 이미지 전체를 떠올리는 것이 아니라 백의대사님을 상징하는 '연꽃(연화대)'를 먼저 떠올리는 것이다.

두 번째 '주(呪)'이란, 그 신을 청하는 행위로써 해당하는 신을 청하는 경문(經文)과 기원(祈願)을 담는 언어적인 표현이다. 부적의 자료에는 항상 함께 있다. 이 주문 중에는 부적의 기능에 맞추어 기원문('00신이시여 00을 기원합니다.'의 형태)으로 된 것도 많지만 송대(宋代)에 밀종진언에서 끌어와 만들어진 산스크리트어의 중국어 발음 형태도 있다. 이 부분을 기원하는 술사는 정확히 판단하고 이해한 후에 읽어야 한다.

세 번째 '부'의 부분은 그 신과 교신(交信)하는 암호문의 형태로 그림과 문자가 섞여있기도 하며, 한자의 오행(五行)이 섞여 배열되기도 한다. 이것은 종이에 먹이나 경면주사로 기원의 목적과 그 대상, 기원을 받아줄 신의 정보(情報)가 담기게 된다.

7. 부적은 만병통치(萬病通治)약이 아니다.

필자는 개인적으로 부적을 타인에게 가르치는 것을 좋아하지 않는다. 필자 스스로 자만에 빠져 사람을 가리는 것이 아니라 부적을 배우러 오는 사람들의 의식 때문이다. 부적을 배우고 싶어 하는 사람들의 처음 질문은 대부분 "그럼 부적으로 로또도 맞추게 할 수 있나요?", "부적으로 원하는 이성을 얻을 수 있나요?" 등의 질문들이다. 이런 질문들이 속되다는 것은 아니다. 원래 사람들은 신력(神力)으로 '무언가를 얻을 수 있다면?' 이란 주제 하에 가장먼저 떠올릴 수 있는 질문이기도 하다. 다만 위의 일들을 일어나게 할 근거와 그만한 에너지와 때의 결합이 없다면 부주술을 사용해도 소용없는 일이 더욱 많은 것이다. 아프지도 않은데 치병(治病)부를 쓰고 예방주사 접종하듯 할 수 없는 노릇이며, 우연한 행운을 부르는 부적이 꼭 복권을 맞춰준다고 말할 수는 없다.

부적을 익히고 공부할 사람들에게 꼭 이야기 해주고 싶은 말이 있다.

부적의 힘은 자신이 가진 그릇의 크기만큼만 발현되는 경우가 많다. 평생 동안 100의 재운을 가진 사람에게 일 년 동안 100의 재운을 벌고 쓰게 만들어 버린다면 그 사람은 재운이 소멸하여 오히려 나쁜 명을 맞이하게 될 것이다. 그 예로 수많은 복권 당첨자 중에 당첨 후부터 사망 시까지 행복한 사람들보다 당첨금을 몇 년 안에 소진하고 자살하거나 범죄자가 되는 경우가 더 많지 않은가? 만약 명(命)학을 공부하는 사람이라면 더욱 그런 그릇의 크기에 신경을 써서 부적을 사용해야 한다. 재물과 관련되어 모산파나 곤륜파에서도 직접적으로 돈을 스스로 굴러들어오게 하는 부적은 없다. 단지 상점에 손님이 많이 들게 하거나 다른 수단을 통해 '일이 잘 풀려 수익이 늘어나게 하는' 부적이 있을 뿐이다. 이렇듯 술사는 부적을 청하는 사람이 어떤 수단으로 재물을 끌어들일 수 있는지를 먼저 판단하고 해당하는 부적을 작성해야 하며, 그 사람의 운의 흐름을 관찰하는 것도 역시 중요하다.

치병부를 약의 대용(代用)으로 사용하지 말아야 한다.
근대(近代)의 사람들은 대부분 양의(洋醫)를 선호하여 조금만 병이 나도 "병원에 찾아가 주사를 맞아야만 안심이 된다."라고 할 정도로 맹신(盲信)한 적도 있었다. 그러나 시간이 지나 현대(現代)에 들어오자 '자연치유'가 다시 유행하면서 양의를 불신하는 현상과 함께 유행처럼 한의(韓醫)로 돌아서는 경우가 생기기 시작했다. 이런 현상 중에 사람들에게 근거 없는 양의에 대한 불신과 편견이 생겨 양약(洋藥) 한 번에 치료될 간단한 병을 약초(藥草)로 고치겠다며 병을 키우는 사람을 직접 본적도 있었다. 그중에 필자가 경험한 가슴 아프고 답답했던 일은 30대 후반의 주부가 자신의 열 살배기 아들이 팔뼈의 부상으로 고생하고 있는데도 병원에 가면 몸에 좋지 않은 약을 주고 환자를 속여 돈을 청구할 거라면서 가지 않고 나에게 이메일로 뼈를 붙이는 부적을 달라고 요구한 적이 있었다는 것이다. 물론 그 주부의 맹신은 나도 어쩔 수 없는 일이었다.

그렇다면 현대에서 치병(治病)부는 어떻게 사용해야하는 것인가? 필자의 윗글을 읽어보면 "그럼 현대에선 치병부는 쓰지 말라는 건가?"라고 필자에게 되물을 수도 있다. 결론부터 말하자면 그렇지 않다. 필자의 사견(私見)을 말하자면, "치병부는 정신병(精神病)과 오랜 지병(持病) 등 양약을 과다하게 사용하게 되는 경우를 피하게 하기위해 자신의 체질(體質)에 맞는 한방, 양방의 처방과 함께 사용하는 것이 옳다."라고 생각한다.

그러나 치병부를 사용 하는 경우 주의해야할 것은 일부 치병부는 경면주사(鏡面朱砂)로 쓴 부적을 태워 음식에 섞거나 물에 개어 복용하게 하는 방법을 쓰고 있다. 술사는 이 방법에 대해 정확하게 인지하고 제작하여야 한다. 만약 일반 부적을 쓰는 경면주사로 부적을 만들고 태워서 잿가루를 사람에게 복용(服用)시키면 처음에는 소량(小量)이어서 티가 안날 수도 있지만 민감한 사람은 중독(中毒)을 일으킬 수도 있다.(사람의 체질에 따라서)

부적을 쓸 때 많이 사용하는 경면주사는 황하수은(HgS)을 함유한 광석(鑛石)이다. 이것은 수은과 유황을 말하는데 한방에서 약으로

도 소량으로 사용된다고 한다. 이 황하수은이 질병의 치료에 사용되는 부분에 대해서 본초(本草)경에서 말하길 기(氣)를 도와주며 당뇨(糖尿)를 다스린다고 되어있고, 여러 가지 정신불안 증세에 도움이 된다고 한다. 이렇듯 경면주사의 독성을 다스려 식용(食用)으로 사용하려면 반드시 한 단계의 과정을 거쳐야 한다.

먼저, 고급 경면주사(작은 알갱이의 원석형태)를 약사발을 이용하여 곱게 갈아내고, 다음으로 갈아낸 경면주사 가루를 깨끗한 물에 풀어 떠오르는 가루와 가라앉는 가루가 나뉘기를 기다린다. 다음 단계로 그 떠오른 가루를 괴황지로 덮어 적시면 괴황지와 함께 붙어 올라오게 되는데, 이 괴황지를 말려 다시 가루가 된 경면주사를 모아 들깨기름과 함께 섞어 부적을 쓰는 것이다. 이렇게 만들어서 식용 가능한 부적을 만들 수 있다. 하지만 그럼에도 불구하고 한방에서는 그 복용이 과하지 않아야 한다고 경고하고 있다.

이렇듯 치병부를 쓰기위해 위의 방법대로 만드는 것도 있지만 다른 방법의 치병부도 있다. 이 책에서 주로 소개하는 방법인데, 찻잔위에 부(符)를 그리고 기도한 후에 그 찻물을 복용시키는 방법이다. 이 방법은 위험성도 아주 적고, 남녀노소 누구나 양약을 복용하면서 필요한 음용(飮用)수로 사용하면 시너지(Synergy)효과를 기대할 수 있을 것이다.

예전에 필자를 찾아왔던 사람들 중에는 부적을 지니고 싶어 하지만 부적기름 냄새(경면주사에 산초기름이 섞이면 냄새가 오래가며 기름기도 오랫동안 마르지 않는다.)를 싫어하는 사람들이 많아서 그 기름을 대체할 다른 것을 찾아다닌 적이 있었는데, 우연히 지업사의 조언으로 오죽교액(吳竹膠液)이라는 아교로 산초기름을 대체(代替)하게 되었다. 오죽교액을 사용하자 아교의 특성으로 인해 부적을 그릴 때 경면주사의 색깔이 선명해지고 보관할 때도 냄새가 사라지게 되었다. 그 아교의 또 다른 특성은 '빨리 마르고, 동시에 수축한다.'는 것이었다. 당시에는 필자를 찾아와 직접 부적을 쓰는 모습을 보는 사람들도 있었는데, 필자가 부적을 작성하고 손위에 올린 후 숨결을 불어 넣는 단계에서 손바닥의 열로 아교가 말라붙어 수축하며 종이가 돌돌 말리듯 오그라드는 현상이 생겼다. 그것을 본 손님들은 필자의 기(氣)가 강해서 일어나는 신비한 현상으로 받아들였었다. 굳이 이 일화를 글을 통해 말하는 것은 오래전 필자가 그 신기해하는 모습들이 재미있어서 이 사람 저 사람에게 보여준 적이 있는데, 다른 이들이 그런 행동으로 사람들을 현혹(眩惑)시킬까 우려해서이다. 만약 술사가 자신의 손 위나 부적을 쓰는 단상에서 이제 막 완성한 부적이 혼자 우그러드는 모습을 보이며 자신의 기운을 자랑한다면, 그 부적에 쓰인 기름이 오죽교액인지 산초기름인지 확인해보라, 산초기름은 기름자국이 종이에 번지며 경면주사가 손에 묻고, 오죽교액은 번지는 것 없이 깔끔하게 그려지며 경면주사가 거의 손에 묻어나지 않는다.

8. 신단

신단을 구성하기위해 마치 무속인의 집처럼 꾸며야 할까?

한국을 제외한 일본, 대만, 홍콩, 중국은 가정에서 의식에 사용하는 불단(佛壇), 신단(神壇), 교단(敎壇)들이 있다. 그 크기는 천차만별이며 그 나라들에서는 쉽게 구할 수 있다. 하지만 국내에서는 한군데 빼놓고는 대부분 방 전체를 차지할 만한 용품(用品)들이 고가(高價)로만 구성되어있다. 그렇기에 처음 부주술을 배우려는 사람들은 집인에 신단(神壇)을 꾸미는 것에 부담감을 가시게 될 것이나. 특히, 사무실 없이 가정집에서 혼자 수련하는 사람들이 겉으로 보이는 불단을 꾸미면 가족들이 거부감을 가질 수 있게 된다. 그 거부감은 마음의 부정(不正)함이 되어 공부를 하는 사람들에게 방해가 될 수도 있다.

그래서 필자가 권하는 신단은 아래처럼 문을 달아 가구처럼 보이게 만드는 신단, 또는 새집처럼 작고 아기자기하게 꾸며 높이 달아 잘 눈에 뜨이지 않게 하는 방법을 권장하고 있다.

[그림1] 가구형

[그림2] 노출형

9. 부적을 작성하기 위한 준비물

① 부적용지

부적용지는 국내에서는 괴황지(황색용지)를 사용한다.
판매처는 서울 조계사 근처 불교용품점들에서 많이 판매하고 있다.
부적용지의 크기는 대체로 두 가지로 판매되고 있는데 가로가 넓고 세로가 짧은 것, 가로가 좁고 세로가 긴 것으로 판매되고 있다.

② 세필(細筆)붓

세필붓은 부적의 글씨를 가늘게 쓰기위해 필요한 붓이다.

이 붓의 가격은 천차만별이니 처음 연습하는 사람들은 저렴한 것을 여러 벌 구입하여 사용해보는 것이 좋다. 경면주사의 경우 산초부적 기름에 개어서 사용하는데 그러다 보면 붓을 유지관리하기가 어렵다. 그러므로 저렴한 붓을 구입해서 관리와 사용을 반복해보면 스스로 잘 관리할 수 있게 된다. 그때 즈음 고가의 붓을 구입해서 사용해도 된다.

③ 먹물, 또는 벼루, 또는 붓펜

근래에 전해지는 방법 중에는 경면주사가 아닌 먹물로 쓰는 방법도 늘어났다. 이런 부적을 쓸 때를 위해 먹과 벼루를 준비하는데 굳이 벼루에 먹을 밀며 마음을 닦는 훈련을 할 것이 아니라면, 또 연습을 위해 무한 반복하는 부적을 연습할 때라면 오히려 요즘 문구점에서 판매하는 붓펜을 써도 무방하다.

④ 경면주사

경면주사는 고급품이 있는데 작은 알갱이처럼 돌맹이로 나오는 것도 있다. 이것은 고가의 경면주사로 일반적으로는 거의 쓰이지 않는다. 대부분 불교용품점에서 작은 통으로 판매하는 경면주사를 구입하면 된다.

⑤ 산초기름

경면주사는 물에 개어서 쓰는 것이 아니라 산초기름이라는 것을 사용한다. 경면주사를 그릇에 일정량을 떠 놓고 산초기름을 조금씩 뿌려가며 농도를 맞추면 부적의 그림을 부드럽게 따라 그릴 수 있다.

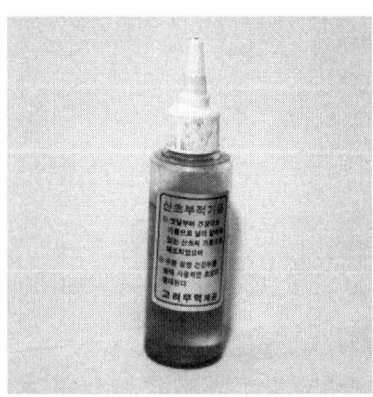

제2장
신을 청하는 법식

신을 청하는 법식(請神科儀)

도교에서 이르는 법식으로 규모가 크든 작든 도교의 신을 청하여 기원할 때는 그 순서를 따라야 한다. 아래의 순서는 표준으로 사용되는 법식(法式) 과정이므로 다른 곳에서 배운 적이 없다면 이 순서를 따르도록 한다.

1. 上香(상향)
2. 奉茶(봉차)
3. 敕淨符(칙정부)
4. 水讚(수찬)
5. 灑淨(쇄정)
6. 香讚(향찬)
7. 淨口神咒(정구신주)
8. 淨心神咒(정심신주)
9. 安精神咒(안정신주)

11. 淨三業神咒(정삼업신주)

12. 淨壇神咒(정단신주)

13. 安土地神咒(안토지신주)

14. 淨天地神咒(정천지신주)

15. 金光神咒(금광신주)

16. 請誥(청고) 請神文(청신문)

위의 순서대로 신단(대소 구분 없이) 앞에서 신을 청하는 의식을 행하는 것이다. 그 순서를 해설하면 다음과 같다.

> **주의**
> 이 의식을 행하기전 자신의 신단이 청결한지 확인하고 공양물(각종 바치는 물품)이 정돈 되었는지를 확인해야하며, 초는 이미 밝혀져 있어야 한다.

1. 上香(상향)

신단에 향을 피운다.

2. 奉茶(봉차)

신단에 차를 올린다.(한국에서는 물-정화수 井華水 를 올리는 행위와 같다.)

3. 敕淨符(칙정부)

오른손에 검인을 쥐고 왼손에 삼산결을 맺어 검인을 쥔 손으로 칙정부를 단숨에 써 내려가는 것이다. 이 부분은 평상시에 연습을 해놓아야 한다.

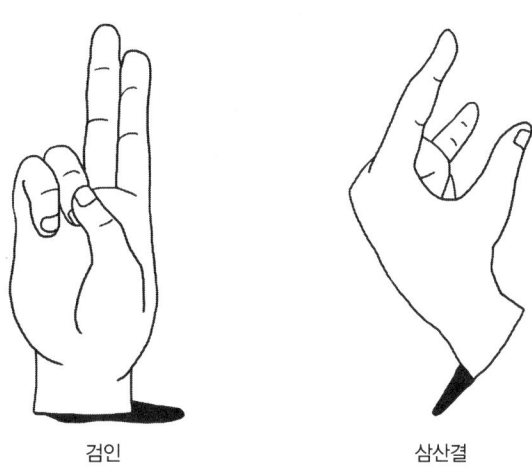

검인   삼산결

삼산결을 맺은 손에 잔을 들고 있는 것처럼 흔들리지 않도록 한 자세에서 오른손의 검인으로 허공에 칙정부 부식을 한 호흡에 써내려가야 한다. 마음은 무엇을 기원하는 것이 아니라 신에게 뜻을 맡기어 잡념이 들지 않도록 하고 욕심을 버려야 한다. 이 때 시선은 칙정부를 쓰는 검인을 쥔 손끝을 따라야 한나.

주의

칙정부 상단의 세 획은 위칙삼청이라 하며 아래와 같이 해야 한다. 획의 가운데를 긋고 다음이 좌측, 마지막이 우측이며 이 획을 그을 때는 성호를 외운다. 성호를 외우는 방식은 가운데 획을 그으며 천시천존칙(天始天尊敕), 왼쪽의 획을 그으며 영보천존칙(靈寶天尊敕), 마지막으로 오른쪽의 획을 그으며 도덕천존칙(道德天尊敕)을 외워야 한다.

4. 水讚(수찬)

先天眞水 淨洗靈臺
선천진수 정세영대

楊枝一滴灑塵埃 丹境卽蓬萊
양지일적쇄진애 단경즉봉래

滌穢消災 香林法界開
척예소재 향림법계개

皈命蕩魔解穢大天尊
귀명탕마해예대천존

5. 灑淨(쇄정)

수찬이 끝났으면 쇄정단계를 행한다.
왼손의 삼산결 위에 찻잔을 올리고 오른손의 무명지를 물에 적신다.
그리고 무명지에 묻은 물을 전후좌우에 한 번씩 튕겨낸다.

6. 香讚(향찬)

쇄정을 마치고 향찬에서 금광신주까지 주문을 염송하다.

香焚寶鼎 氣達先天 威光烜赫接祥煙 降鑒此心虔
향분보정 기달선천 위광훤혁접상연 강감차심건

展護靈篇 擁護仗雷鞭 皈命香林說法大天尊
전호영편 옹호장뢰편 귀명향림설법대천존

7. 淨口神咒(정구신주)

丹朱口神 吐穢除氛 舌神正倫 通命養神
단주구신 토예제분 설신정륜 통명양신
羅千齒神 祛邪衛眞 喉神虎賁 氣神引津
라천치신 거사위진 후신호분 기신인진
口神丹元 命我通眞 恩神鍊液 道氣長存
구신단원 명아통진 은신련액 도기장존

8. 淨心神咒(정심신주)

太上台星 應變無停 驅邪縛魅 保命護神
태상태성 응변무정 구사박매 보명호신
知慧明淨 心神安寧 三魂永固 魄無喪傾
지혜명정 심신안녕 삼혼영고 백무상경

9. 安精神咒(안정신주)

靈寶天尊 安慰身形 弟子魂魄 五臟玄冥
영보천존 안위신형 제자혼백 오장현명

靑龍白虎 隊仗紛紜 朱雀玄武 侍衛我眞
청룡백호 대장분운 주작현무 시위아진

10. 淨三業神咒(정삼업신주)

身中諸內境 三萬六千神 動作履行藏 前劫並後業
신중제내경 삼만육천신 동작리행장 전겁병후업
願我身自在 常住三寶中 當於劫壞時 我身常不滅
원아신자재 상주삼보중 당어겁괴시 아신상불멸
誦此眞文時 身心口業皆淸淨 急急如律令
송차진문시 신심구업개청정 급급여울령

11. 淨壇神咒(정단신주)

太上說法時 金鐘響玉音 百穢藏九地 群魔伏騫林
태상설법시 금종향옥음 백예장구지 군마복건림
天花散法雨 法鼓振迷沉 諸天賡喜哉 金童舞瑤琴
천화산법우 법고진미침 제천갱희재 금동무요금
願傾八霞光 照依皈依心 蚤法大法稿 翼侍五雲深
원경팔하광 조의귀의심 조법대법고 익시오운심

12. 安土地神咒(안토지신주)

元始安鎭 普告萬靈 嶽瀆眞官 土地祇靈
원시안진 보고만령 악독진관 토지기령
左社右稷 不得妄驚 回向正道 內外肅淸
좌사우직 부득망경 회향정도 내외숙청
各安方位 備守家壇庭 太上有名搜捕邪精
각안방위 비수가단정 태상유명수포사정
護法神王 保衛誦經 皈依大道 元亨利貞
호법신왕 보위송경 귀의대도 원형이정

13. 淨天地神咒(정천지신주)

天地自然 穢氣分散 洞中玄虛 晃朗太元
천지자연 예기분산 동중현허 황랑태원
八方威神 使我自然 靈寶符命 普告九天
팔방위신 사아자연 영보부명 보고구천
乾羅怛那 洞罡太玄 斬妖縛邪 殺節萬千
건라달나 동강태현 참요박사 살절만천
中山神咒 元始玉文 持誦一遍 袪鬼延年
중산신주 원시옥문 지송일편 거귀연년
按行五嶽 八海知聞 魔王束手 侍衛我軒 凶穢消散 道氣長存
안행오악 팔해지문 마왕속수 시위아헌 흉예소산 도기장존

14. 金光神咒(금광신주)

天地玄宗 萬氣本根 廣修億劫 證我神通
천지현종 만기본근 광수억겁 증아신통
三界內外 惟道獨尊 體有金光 覆映吾身
삼계내외 유도독존 체유금광 복영오신
視之不見 聽之不聞 包羅天地 養育群生
시지불견 청지불문 포라천지 양육군생
受持萬遍 身有光明 三界侍衛 五帝伺迎
수지만편 신유광명 삼계시위 오제사영
萬神朝禮 役使雷霆 鬼妖喪膽 精怪亡形
만신조례 역사뢰정 귀요상담 정괴망형
內有霹靂 雷神隱名 洞慧交徹 五氣騰騰
내유벽력 뢰신은명 동혜교철 오기등등
金光速現 覆護家庭 覆護壇庭
금광속현 복호가정 복호단정

15. 請誥(청고) - [請神文(청신문)]

위의 주문을 모두 염송했으면 청고를 통해 신을 청한 이유를 밝히고 그에 따른 약속이나 대가 역시 서약한다.

예문 1.

"모년 모월 모일생 아무개씨가 모월 모일에 시험을 치릅니다. 이 시험에 합격하길 기원합니다."

예문 2.

"모년 모월 모일생 아무개씨가 병이 깊어 낫기를 간청합니다."

위와 같이 예문을 통해 기원과 신을 부른 이유를 밝혀야 한다. 또, 상황과 사안에 따라 그 대가를 함께 청신문에 포함한다. 청고의 형태는 민간의 신을 모시는 형태에 따라 다르기에 모두 밝히기는 어렵고, 다만 이것이 민간도교에 보편적으로 전해 내려오는 방법이다.

이 청구를 마친 후에 다음의 주문과 경문을 염송한다.

當境土穀尊神寶誥(土地公)
당경토곡존신보고(토지공)

志心皈命禮 皈命
지심귀명례 귀명

當境土穀尊神
당경토곡존신

一方土穀 萬姓福神 秉忠正烈 助國衛民
일방토곡 만성복신 병충정렬 조국위민
膺承簡命鎭一方 而黎庶仰瞻 司職功曹 掌傳奏而丹忱上達
응승간명진일방 이려서앙첨 사직공조 장전주이단침상달
義貫九天 善惡昭彰而響應 靈通三界 功過糾察以分明
의관구천 선악소창이향응 령통삼계 공과규찰이분명
鞏固金湯 奠安社稷 大忠大孝 至顯至靈 護國佑民
공고금탕 전안사직 대충대효 지현지령 호국위민
當境土地名王尊神
당경토지명왕존신

當境城隍尊神寶誥
당경성황존신보고

志心皈命禮 皈命
지심귀명례 귀명

當境城隍尊神
당경성황존신

廣東挺傑 薊北歸神 受敕封於玉陛 司保障於蒼生
광동정걸 계북귀신 수칙봉어옥폐 사보장어창생

亙古忠靈 千秋正氣 判冥陽之是非 掌官民之禍福
선고충령 천추정기 판명양지시비 장관민지화복

史册昭昭 名垂宇宙 神威赫赫 功報烝嘗
사책소소 명수우주 신위혁혁 공보증상

燮理陰陽 專司賞罰 代天宣化 爲國救民
섭리음양 전사상벌 대천선화 위국구민

協運皇圖 贊襄吏治 大忠大惠 大德大仁
협운황도 찬양이치 대충대혜 대덕대인

敕奉昇福明靈王 當境城隍尊神金湯鞏固天尊
칙봉승복명령왕 당경성황존신금탕공고천존

中壇元師寶誥
중단원사보고

志心皈命禮 皈命
지심귀명례 귀명

中壇元師天尊
중단원사천존

興周聖將 滅紂前鋒 金光洞裡鍊金光 玉虛奉 命降陳塘
흥주성장 멸주전봉 금광동리련금광 옥허봉 명강진당

左執金圈 右執尖鎗 足踏兩輪 日火日風
좌집금권 우집천쟁 족답련륜 일화일풍

驅妖滅怪斬魔王 親歷一千七百浩劫 而圓道果 破盡三萬八千惡陣
구요멸괴참마왕 친력일천칠백호겁 이원도과 파진삼만팔천악진

永鎭
영진

天宮 一蕊蓮花化成蔣嚴妙相 十方世界 廣濟救苦 慈航
천궁 일예련화화성장엄묘상 십방세계 광제구고 자항

玄功深奧 變化無窮 達地升天轉眼中 臨敵無懼
현공심오 변화무궁 달지승천전안중 림적무구

威武堂堂 大忠大孝 至勇至剛
위무당당 대충대효 지용지강

安民護國中壇元師大尊
안민호국중단원사대존

九天司命眞君寶誥(竈王爺)
구천사명진군보고(조왕야)

志心皈命禮 皈命

지심귀명례 귀명

九天東廚司命灶王眞君

구천동주사명조왕진군

一家之主 五祀之神 司喉舌於北斗之中 察善惡於東廚之內

일가지주 오사지신 사후설어북두지중 찰선악어동주지내

賜福赦罪 移凶化吉 安鎭陰陽 保佑家庭

사복사죄 이흉화길 안진음양 보우가정

何災不滅 何福不增 有求必應 無感不通

하재불멸 하복불증 유구필응 무감불통

火德澤民賴以生 上調飲食奉雙親 上煮饔 滋壽命

화덕택민뢰이생 상조음식봉쌍친 상자옹 자수명

丹天世界 灶府衆神 敬酹護佑猶未能 普具香燈伸寸敬

단천세계 조부중신 경뢰호우유미능 보구향등신촌경

虔誠懇禱 有過愆迍 門下稽首洪恩拜 願保閭閻多吉慶

건성간도 유과건둔 문하계수홍은배 원보려염다길경

大悲大願 大聖大慈 赤皇上品 三氣火官

대비대원 대성대자 적황상품 삼기화관

洞陽大帝 元皇定國 南丹紀壽 護宅天尊
동양대제 원황정국 남단기수 호택천존

玉淸輔相 九天東廚司命 竈王眞君
옥청보상 구천동주사명 조왕진군

九天玄女寶誥(구천현녀보고)

志心皈命禮 皈命
지심귀명례 귀명

九天玄女
구천현녀
先天神眞 上世仙姑 莊嚴妙相 常現娑婆世界
선천신진 상세선고 장엄묘상 상현사파세계
淸淨法身 早登梵利琅環 玄都天界 繋玉腰金
청정법신 조등범리랑환 현도천계 계옥요금
圓嶠方壺 蒸砂煮石 放無極之神光 普照群生
원교방호 증사자석 방무극지신광 보조군생
運玄元之道氣 化成萬物 功垂今古 德配乾坤
운현원지도기 화성만물 공수금고 덕배건곤
位列九天 掌适化之樞機 靈通三界 司雷霆之號令
위열구천 장괄화지추기 영통삼계 사뢰정지호령
慈悲廣大 變化無窮 手持寶劍 斬魔王於斗垣之下
자비광대 변화무궁 수지보검 참마왕어두원지하
足踏金蓮 朝聖母於瑤闕之中 宏慈宏願 至顯至靈
족답금련 조성모어요궐지중 굉자굉원 지현지령
九天玄天無極元君
구천현천무극원군

天上聖母寶誥(媽租)

천상성모보고(마조)

志心皈命禮 皈命

지심귀명례 귀명

天上聖母

천상성모

坤輿合撰 嵩獄鍾靈 降生於兜率仙宮 正位泉源水府

곤여합찬 송옥중령 강생어두솔선궁 정위천원수부

噓風吸雨 統江淮河海之宗 佑國庇民 濟西北東南之險

허풍흡우 통강화하해지종 우국비민 제서북동남지험

浦陀證果 湄嶼生輝 大悲大願 大孝大仁

포타증과 미서생휘 대비대원 대효대인

敕封護國庇民 明著妙靈照應 宏仁普濟 天后聖母

칙봉호국비민 명저묘령조응 굉인보제 천후성모

太極元君

태극원군

文昌保德宏仁大帝寶誥
문창보덕굉인대제보호

志心皈命禮 皈命
지심귀명례 귀명

文昌保德宏仁大帝
문창보덕굉인대제
不驕帝境 玉眞慶宮 現九十八化之行藏 顯德萬千種之神異
불교제경 옥진경궁 현구십팔화지행장 현덕만천종지신이
飛鸞開化於在在 如意救劫以生生 至孝至仁 功存乎儒道釋敎
비란개화어재재 여의구겁이생생 지효지인 공존호유도석교
不驕不樂 職盡乎天地水宮 功德難量 神威莫測
불교불악 직진호천지수궁 공덕난량 신위막측
大悲不願 大聖大慈 九天輔元 開化主宰
대비불원 대성대자 구천보원 개화주재
司錄職貢擧眞君 七曲靈應 保德宏仁大帝 談經演敎 消劫行化
사록직공거진군 칠곡령응 보덕굉인대제 담경연교 소겁행화
更生永命天尊
경생영명천존

南天文衡聖帝恩主寶誥 (關聖帝君)
남천문형성제은주보고 (관성제군)

志心皈命禮 皈命
지심귀명례 귀명

南天文衡聖帝恩主
남천문형성제은주
太上神威 英文雄武 精忠大義 高節淸廉
태상신위 영문웅무 정충대의 고절청렴
協運皇圖 德崇演正 掌儒道釋敎之權 管天地人才之柄
협운황도 덕숭연정 장유도석교지권 관천지인재지병
上司三十六天 星辰雲漢 下轄七十二地 冥壘幽酆
상사삼십육천 성진운한 하할칠십이지 명루유풍
秉注人生功德 延壽丹書 執定生死罪過 奪命黑籍
병주인생공덕 연수단서 집정생사죄과 탈명흑적
考察諸佛諸神 監制群仙群職 德圓妙果 無量度人
고찰제불제신 감제군선군직 덕원묘과 무량도인
萬靈萬聖 至上至尊 忠孝祖師 伏魔大帝關聖帝君
만령만성 지상지존 충효조사 복마대제관성제군
大悲大願 大聖大慈 玉帝殿前首相 執掌雷部 眞元顯應
대비대원 대성대자 옥제전전수상 집장뢰부 진원현응
昭明翊漢天尊
소명익한천존

觀音大士寶誥
관음대사보고

志心皈命禮 皈命
지심귀명례 귀명

觀音大士
관음대사

莊王毓秀 受帝命而誕生 敎闡南洋 奉敕旨而救劫
장왕육수 수제명이탄생 교천남양 봉칙지이구겁

隨聲應感 動念垂慈 聖德昭彰 玄功莫測
수성응감 동념수자 성덕소창 현공막측

幽顯昭甦而蒙恩濟度 品物咸賴而荷惠生成
유현소소이몽은제도 품물함리이하혜생성

外道仰依 邪魔歸正 大悲大願 大聖大慈
의도앙의 사마귀정 대비대원 대성대자

尋聲救苦救難 隨心消厄消災 碧落洞天帝主
심성구고구난 수심소액소재 벽락동천제주

圓通自在天尊
원통자재천존

南宮孚佑帝君恩主寶誥(呂祖)
남궁부우제군은주보고(려조)

志心皈命禮 皈命
지심귀명례 귀명

南宮孚佑帝君恩主
남궁부우제군은주
玉淸內相 金闕選仙 化身爲三敎之師 掌法判五雷之靈
옥청내상 금궐선선 화신위삼교지사 장법판외뢰지령
黃梁夢覺 忘世上之功名 寶劍光騰 掃人間之妖怪
황량몽각 망세상지공명 보검광등 소인간지요괴
四生六道 有感必孚 三界十方 無求不應
사생육도 유감필부 삼계십방 무구불응
黃鵠磯頭留聖蹟 終南山上煉丹砂 存芝像於山崖 顯神蹤於雲洞
황곡기두유성적 종남산상련단사 존지상어산애 혁시종어우동
闢法門之香火 作玄嗣之梯航 大悲大願 大聖大慈
벽법문지향화 작현사지제항 대비대원 대성대자
開山啓敎 靈應祖師 天雷上相 靈寶眞人
개산계교 령응조사 천뢰상상 령보진인
洩玄贊運 純陽演正 警化 孚佑帝君
설현잔운 순양연성 경화 부우제군
興行妙道天尊 普度光圓 翊化文尼眞佛
흥행묘도천존 보도광원 익학문니진불

玄天上帝寶誥
현천상제보고

志心皈命禮 皈命
지심귀명례 귀명

玄天上帝
현천상제
混元六天 傳法敎主 修眞悟道 濟度群迷
혼원육천 전법교주 수진오도 제도군미
普惠衆生 消除災障 八十二化 三敎祖師
보혜중생 소제재장 팔십이화 삼교조사
大慈大悲 救苦救難 三元都總管 九天遊奕使
대자대비 구고구난 삼원도총관 구천유혁사

左天罡北極 右垣大將軍 鎭天助順 眞武靈應
좌천강북극 우원대장군 진천조순 진무령응
福德衍慶 仁慈正烈 協運眞君 治世福神
복덕연경 인자정렬 협운진군 치세복신
玉虛師相 玄天上帝 金闕化身 蕩魔天尊
옥허사상 현천상제 금궐화신 탕마천존

여기까지 주문과 경문을 마치고 나면 법식의례를 마친 것이다.

이를 통해 사함을 떨쳐버리고, 모든 살을 제하며, 병마로부터 벗어날 수 있는 것이다. 이후 항상 정삼업신주를 염송하고 정천지신주와 금광신주를 공손히 들고 다니며 신들의 칭호를 외운다. (그 횟수는 많으면 많을수록 좋은 것이며 횟수를 제한하거나 헤아릴 필요가 없다.)

제3장
호신평안부주법

護身平安符呪法
호신평안부주법

사람은 살아가면서 좋은 일과 나쁜 일(災厄)이 교차하게 되어있다. 그 나쁜 일들 중에 사고나 사망 등에 이르는 일들이 있다면, 또 그것을 어렴풋이 미리 예측하게 된다면 누구나 그 나쁜 일들을 피하려 노력할 것이다. 하지만 뚜렷한 검증 없이 어느 곳이든 찾아가 고민을 말하면, 부적 한 장에 50~200만원을 제시하고, 또는 기원, 굿 등을 권하며 500~1000만원을 부르며, 만약 이런 방제(防除)를 받지 않으면 더 나쁜 일이 생길 것 이라는 협박이 서린 말만 듣고 상처 받기 일쑤인 경우가 많다.

그래서 이 장에서는 독자 스스로가 판단하고 기원할 수 있는 방법과 호신(護身)부적의 작성법을 소개 한다.

1. 주문

請神科儀

청신가의

恭請

공청

九天東廚司令竈王眞君

구천동주사령조왕진군

陳詞

진사

恭請

공청

九天東廚司命竈王眞君

구천동주사명주왕진군

助弟子行持

조제자행지

持祝水咒

지축수주

天一生水 地六成之 一六旣合 活潑神淸

천일생수 지육성지 일육기합 활발신청

在天爲雨露 利萬物而不窮 在地爲江湖 會一元而統宗

재천위우로 리만물이불궁 재지위강호 회일원이통종

請爲法水 道氣歸宗 噀灑壇室 邪穢滅蹤

청위법수 도기귀종 손쇄단실 사예멸종

滋硏翰墨書符建功

자연한묵서부건공

持祝墨咒

지축묵주

松筠動質 蘭蕙凝香 磨書暈素 獲納禎祥

송균동질 난혜응향 마서훈소 획납정상

持祝紙咒

지축지주

褚玉之英 天地生成 龍章鳳篆 資之以陣

저옥지영 천지생성 용장봉전 자지이진

書就神符 萬應萬靈

서취신부 만응만령

持祝筆咒

지축필주

兎毫象管 烈日飛霜 請神筆下 道氣滋祥

토호상관 열일비상 청산필하 도기자상

書符建功 敎如神響

서부건공 교여신향

2. 부적작성

주문을 염송했으면 이제 부적 제작에 들어간다. 이때부터 자신의 의지를 버리고 기원 내용에 마음을 모아야 한다. 눈은 붓의 이동을 따르며 속도가 빠르거나 느리지 않도록 기운의 흐름에 맡긴다.

뢰(雷)자 아래의 삼획은 가운데 획부터 왼쪽, 오른쪽으로 흐르듯 찍어야 하며 한 획마다 다음의 주문을 외운다.
1) 가운데: 三台生我來(삼태생아래)
2) 왼쪽: 三台養我來(삼태양아래)
3) 오른 쪽: 三台護我來(삼태호아래)

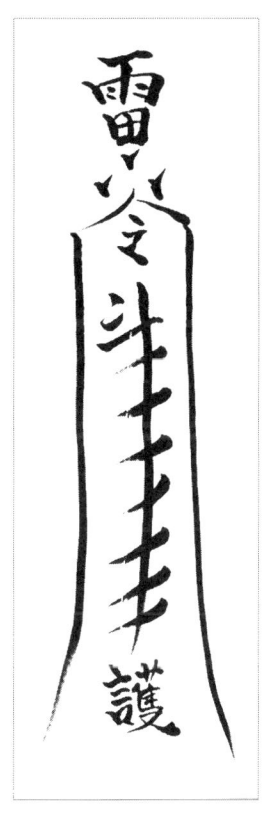

3. 주문

위의 부적을 작성하고 다음의 주문을 외워 기원을 마친다.

持七星咒
지칠성주

咒曰
주왈

北斗九辰 中天大神 上朝金闕 下覆崑崙
북두구진 중천대신 상조금궐 하복곤륜
調理綱紀 統制乾坤 大魁貪狼 巨門祿存
조리강기 통제건곤 대괴탐랑 거문녹존
文曲廉貞 武曲破軍 高上玉皇 紫薇帝君
문곡염정 무곡파군 고상옥황 자미제군
大周天界 細入微塵 何災不滅 何福不臻

대주천계 세입미진 하재불멸 하복불진

元皇正氣 來合我神 天罡所指 晝夜常輪

원황정기 래합아신 천강소지 사야상륜

俗居小人 好道求靈 願見尊儀 永保長生

속거소인 호구도령 원견존의 영보장생

三台虛精 六淳曲星 生我養我 護我身形 急急奉

삼태허정 육순곡성 생아양아 호아신형 급급봉

上淸律令敕

상청률청칙

제4장
혼백회귀본신부주법

魂魄回歸本身符呪法
혼백회귀본신부주법

혼백회귀본신부주법이란 혼백이 놀라 불안정 해졌을 때 안정시키는 부주법이다. 이것은 영유아의 갑작스런 경기, 또는 사고나 갑작스런 정신적인 충격에서 헤어 나오지 못하는 경우, 귀신이나 혼란스러운 존재를 접하고 놀랐을 때, 불면증 등에 사용한다. 물론 정신 또는 질병에 관계된 모든 부적은 의사에게 먼저 진료를 받아 본 후에 해결이 되지 않을 때 사용함을 꼭 지켜야 한다. 특히 정신과 질병에 관련된 부주법은 한번만으로 그치는 것이 아니라 대상의 상태에 따라 꾸준히 사용해야 하는 경우도 있으니 한 번에 효과를 보려는 마음을 버려야 한다.

1. 유아에게 나타나는 경기를 판단할 때

① 아이가 밤에 잠들지 못하는 경우,

② 수시로 잠을 깨는 경우,

③ 울음이 심하거나 혼자서 웅얼거리며 시끄러울 때,

④ 얼굴이 하얗게 질렸을 때,

⑤ 콧등과 눈 아래 그리고 입술가장자리와 집게손가락 안쪽부위가 청색을 띨 때,

⑥ 마지막으로 대변이 청록색일 때 해당한다.

2. 주문

請神科儀
청신과의

恭請
공청
九天東廚司命竈王眞君
구천동주사명조왕진군

陳詞
진사
恭請
공청
九天東廚司命竈王眞君
구천동주사명조왕진군

助弟子行持爲○○○收魂

조제자행지이○○○수혼

*○○○에는 이름을 넣는다.

3. 부적작성

먼저 제단 앞에서 기원을 끝냈으면 환자 앞에 바로 선다.

다음으로 발을 丁자로 서서, 오른손으로 검인을 맺고 왼손은 편다. 펴진 왼손에 입김을 불어 환자의 머리 부분에 올려 덮는다. 그리고 검인을 맺은 손으로 환자의 인당(이마부분)에 부적을 그린다. 이때는 주사나 먹물을 사용하지 않으며 손끝에 정신을 집중하여 부적이 그려지는 것을 느껴야 한다.

부적을 인당에 완성했으면 다음의 주문을 외운다.

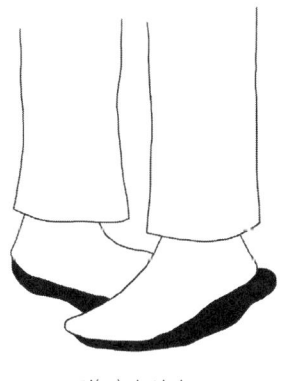

정(丁)자 서기

부식

4. 주문

○○○三魂七魄回歸本身

○○○삼혼칠백회귀본신

* ○○○은 대상의 이름을 넣는다.

제5장
거사법

祛邪法
거사법

거사법은 나쁜 기운(邪氣)를 물리치는 부주법으로써 의사들의 검사에도 드러나지 않는 두통 같은 증상, 또는 일상생활에서의 여러 가지 사고, 또는 산이나 들에 표시되지 않은 기도처 같은 곳을 접(接)한 후 생기는 나쁜 일들과 의문의 질병(疾病)들에 대한 부주법이다. 만약 이런 사기(邪氣)를 접한 정신과 신체 상태를 방치(放置)해두면 치료되지 않는 결과를 낳을 수 있다. 이런 현상들은 병원에서 의사와 상의하고 치료를 받았음에도 지속될 경우 치료와 함께 이 부주법을 사용해 보는 것이 좋다.

1. 증상

① 눈동자의 불안정한 상태가 지속된다.
② 인당(印堂)에 거뭇거뭇한 기운이 보인다.(어두운 그림자처럼 보이거나 드믄 드믄 거뭇한 피부상태도 상태에 따라 포함한다.)
③ 흰자위에 말꼬리 같은 핏줄이 보인다.
④ 흰자위에 크고 작은 흑점이 보인다.
⑤ 흑점과 핏줄이 서로 엉켜 보인다.
⑥ 흰자위에 먼지처럼 헤엄치는 듯 한 얼룩의 흔적이 보인다.
⑦ 흰자위가 회색을 띈다.
⑧ 눈의 테두리에 지나치게 흰색이 도드라질 때,
⑨ 흰자위 주변에 붉은 색이 나타나며 지속된다.
⑩ 정면을 보았을 때 눈동자에서 위쪽으로 핏줄이 세로로 보이는 경우에 사기와 접한 것으로 판단하고 이 거사법을 사용한다.

2. 주문

請神科儀
청신과의

恭請
공청
九天東廚司命竈王眞君
구천동주사명조왕진군

陳詞
진사
恭請
공청
九天東廚司命竈王眞君
구천동주사명조왕진군
助弟子行持
조제자행지

3. 사기를 쫓아내는 순서

주문을 염송한 후, 왼손에 삼산결을 맺고 차를 담은 잔을 올린다.
그다음 오른손으로 검인을 맺고 찻잔위에 부적을 그린다.

마지막으로 부적을 그린 찻물을 환자에게 복용시킨다.
이것을 환자의 변화를 살피며 하루하루 지속할지 그만할지를 대처
해야한다. 만약 사기에 침범당한 상태라면 변화가 생길 것이다.

제6장
실용치병부록편

實用治病符籙篇
실용치병부록편

필자는 부주술을 공부하면서도 항상 질병(疾病)에 관한 부주술을 논할 때마다 갈등을 겪고는 한다. 만약 어떤 이가 이것을 배워 마치 만병통치(萬病通治)약처럼 사람들을 현혹해 환자의 병을 더 위중하게 만들지는 않을까? 라는 걱정에서 갈등이 나타나는 것이다.

병을 다스리는 치병부(治病符)를 말할 때 몇 번이고 잔소리를 해도 부족함이 없는 말이 "우선, 병원을 가고 나서"라는 말이다. 여기에서 소개된 방법은 위통을 심하게 앓는 사람이 약을 먹고도 진통이 더딜 때 사용한다든지, 만성질환(慢性疾患)이라 더 이상 약을 먹으면 곤란한 지경에 빠졌을 때 사용하는 것과 같이, 지속된 병에 약과 함께 사용할 때와 약을 구할 수 없는 위급한 상황에서만 사용했으면 하는 바람이다. 이것은 부주술이 효과를 믿지 않아서가 아니라 맹신(盲信)이 인명(人命)에 해로움을 끼칠까 걱정되어서이다.

1. 주문

請神科儀

청신과의

恭請

공청

九天東廚司命竈王眞君

구천동주사명조왕진군

陳詞

진사

恭請

공청

九天東廚司命竈王眞君

구천동주사명조왕진군

助弟子行持

조제자행지

2. 부주술의 순서

주문을 염송한 후, 왼손에 삼산결을 맺고 차를 담은 잔을 올린다. 그다음 오른손으로 검인을 맺고 찻잔위에 각 질병에 맞는 부적을 그린다. 마지막으로 환자에게 찻물을 복용시킨다.

3. 질병에 따른 부적

① 退熱(퇴열-해열)

② 中署(중서-더위를 먹었을 때)

③ 腹瀉(복사-설사)

④ 便秘(편비-변비)

⑤ 失眠(실면-불면증)

⑥ 喉嚨(후롱-목구멍 통증)

⑦ 頭痛頭暈(두통두훈-두통과 어지러움)

⑧ 無名腫毒(무명종독-알려지지 않은 종기의 독)

⑨ 眼病(안병-눈병)

⑩ 牙痛(아통-이빨의 통증)

⑪ 咳嗽(해수-기침)

⑫ 痰(담-가래)

⑬ 害喜(해희-입덧)

⑭ 安胎用(안태용-임산부의 태아안정)

⑮ 調經(조경-월경을 고르게 한다)

⑯ 通經(통경-월경을 원활하도록 한다)

⑰ 感冒風寒出現頭痛發熱(감모풍한출현두통발열-감기풍한으로 인한 두통발열),

全身痛(전신통),

無汗(무한-땀이 나지않음),

怕冷(파랭-추위에 약함),

氣喘及嘔吐症狀(기천급구토증상-가슴이 답답하고 숨이 차 구토 증상이 있음).

⑱ 鼻塞聲重(비색성중-코가 막히고 소리가 무거움),
乾嘔症狀(건구증상-헛구역질 증상).

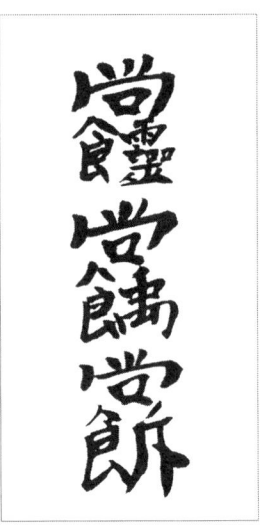

⑲ 胃痛(위통-위 통증)

⑳ 肚子痛(두자통-배 아픔)

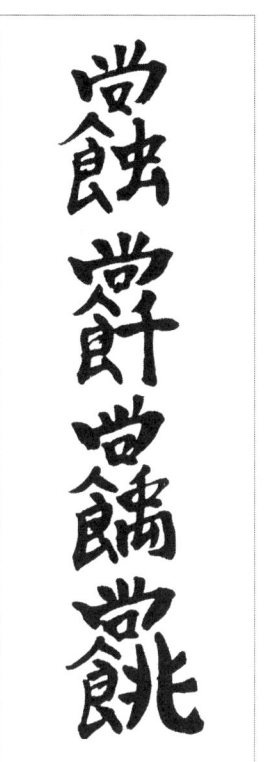

㉑ 乳癰(유옹-젖멍울)

㉒ 奶脹(내창-부어오른 젖)

㉓ 腮腺炎(시선염-이하선염 또는 볼거리)

제7장
문답집

1. 공부하기 위해서 무엇이 필요한가?

이 내용을 익혀 얻고자 하는 것은 이것을 배울 당사자의 결정과 태도에 달려있는 것이다. 신성(神聖)을 장난으로 여기고 가볍게 대하거나 공경(恭敬)하는 마음 없이 이것을 익힌다면 헛수고만 하고 공을 들인 보람이 없게 된다.

이 공부를 하기 위해서는 스스로 정한 신성하고 특별한 장소를 유지해야 하는데, 그 장소는 자신의 집안 신단(神壇), 또는 제단(祭壇)이어도 좋다. 다만 그 장소가 항상 그 상태로 유지되어야 한다.

그렇게 공부를 위한 자기마음상태와 신성을 공경하는 마음, 그를 유지하기위한 장소가 필요하다.

2. 신성에 대하여

우리가 도교의 신들을 미신처럼 여기고 부적을 쓴다는 것은 마치 성경을 믿지 않으면서 교회를 만드는 것과 같다. 신성을 대함에 있어서 꼭 필요한 것은 정성을 다해 공경(恭敬)하는 것이다. 그리고 경건(敬虔)한 마음으로 바라고 구하는 것이다.

3. 경문(經文)은 어떻게 사용하는가?

경문을 언제나 몸에 지니고 다니며 읽고 외우는 실천이 도움 된다. 이것을 평상시에 행하면 험하고 괴로운 것으로부터 자신을 지킬 수 있게 된다. 다시 말해서 경은 지름길이요, 그 스스로 길이며, 바로 '도(道)'를 말한다. 이를 다시 바꾸어 말하면 사람이 행하는 법도(法道)가 된다. 경을 문서로 사람들에게 전하는 것은 사람이 즉시 할 수 있는 '도'이다.

경문을 지니고 암송(暗誦)하는 것은 머릿속에 더 깊은 인상을 남기며 받들어 '행'하는 것이다.

받들어 행한다는 것은 생활 중에 실천한다는 것이며, 그로인해 경은 세상을 살아가는 사람들을 이끄는 '신성'이 되는 것이다.

4. 신성을 받들어 공경하며 예를 갖추는 예법

다음의 순서로 자신의 제단, 신단 앞에서 행한다.

① 上香(상향)

② 奉茶(봉차)

③ 勅淨符(칙정부)

④ 水讚(수찬)

⑤ 灑淨(쇄정)

⑥ 香讚(향찬)

⑦ 淨口神咒(정구신주)

⑧ 淨心神咒(정심신주)

⑨ 安精神咒(안정신주)

⑩ 淨三業神咒(정삼업신주)

⑪ 淨壇神咒(정단신주)

⑫ 安土地神咒(안토지신주)

⑬ 淨天地神咒(정천지신주)

⑭ 金光神咒(금광신주)

⑮ 請誥(청고)

⑯ 持經(지경)

제8장
경문집

經文
경문

太上感應篇
태상감응편

太上曰

태상왈

禍福無門 惟人自召 喜惡之報 如影隨形

화복무문 유인자소 희악지보 여영수형

是以天地有司過之神 依人所犯輕重 以奪人算 算減則貧耗

시이천지유사과지신 의인소범경중 이탈인산 산감칙빈모

多逢憂患 人皆惡之 刑禍隨之 吉慶避之

다봉우환 인개악지 형보수지 길경피지

惡星災之 算盡則死 又有三台北斗神君

악성재시 산진칙사 우유 삼태북두신군

在人頭上 錄人罪惡 奪其紀算 又有三尸神

재인두상 록인죄악 탈기기산 우유삼시신

在人身中 每到庚申日 輒上詣天曹 言人罪過

재인신중 매도경신일 첩상예천조 언인죄과

月晦之日 竈神亦然 凡人有過 大則奪紀

월회지일 조신역연 범인유과 대칙탈기

小則奪算 其過大小有數百事 欲求長生者 先須避之

소칙탈산 기과대소유수백사 욕구장생자 선수피지

是道卽進 非道則退 不履邪徑 不欺暗室

시도즉진 비도칙퇴 불리사경 불기암실

積德累功 慈心於物 忠孝又悌 正己化人

적덕루공 자심어물 충효우제 정기화인

矜孤恤寡 敬老懷幼 昆蟲草木 猶不可傷

긍고휼과 경로회유 곤충초목 유불가상

宜憫人之凶 樂人之喜 濟人之急 救人之危

의민인지흉 악인지희 제인지급 구인지위

見人之得 如己之得 見人之失 如己之失

견인지득 여기지득 견인지실 여기지실

不彰人短 不炫己長 遏惡揚喜 推多取少

불창인단 불현기장 일악양희 추다취소

受辱不怨 受寵若驚 施恩不求報 與人不追悔

수욕불원 수총약경 시은불구보 여인불추회

所謂喜人 人皆敬之 天道佑之 福祿隨之

소위희인 인개경지 천도우지 복록수지

衆邪遠之 神靈衛之 所作必成 神仙可冀
중사원지 신령위지 소작필성 신선가기

欲求天仙者 當立一千三百喜 欲求地仙者 當立三百喜
욕구천선자 당립일천삼백회 욕구지선자 당립삼백회

苟或非義而動 背理而行 以惡爲能 忍做棧害
구혹비의이동 배리이행 이악위능 인주잔해

陰賊良喜 暗侮君親 慢其先生 叛其所事
음적량희 암모군친 만기선생 반기소사

訌諸無識 謗諸同學 虛誣作僞 攻訐宗親
광제무식 방제동학 허무작위 공알종친

剛强不仁 狠戾自用 是非不當 向背乖宜
강강불인 한려자용 시비불당 향배괴의

虐下取功 謟上希旨 受恩不感 念怨不休
학하취공 첨상희지 수은불감 념원불휴

輕蔑天民 擾亂國政 賞及非義 刑及無辜
경멸천민 요란국정 상급비의 형급무고

殺人取材 傾人取位 誅降戮服 貶正排賢
살인취재 경인취위 주강륙복 폄정배현

凌孤逼寡 棄法受略 以直爲曲 以曲爲直
능고핍과 기법수뢰 이직위곡 이곡위직

入輕爲重 見殺加怒 知過不改 知喜不爲
입경위중 견살가노 지과불개 지희불위

自罪引他 壅塞方術 訕訪聖賢 侵凌道德

자죄인타 옹새방술 산방성현 침능도덕

射飛逐走 發願人有失 毁人成功 危人自安
사비축주 발원인유실 훼인성공 위인자안

減人自益 以惡易好 以私廢公 竊人之能
감인자익 이악역호 이사폐공 절인지능

蔽人之喜 形人之醜 訐人之私 耗人貨財
폐인지희 형인지추 알인지사 모인화재

離人骨肉 侵人所愛 助人爲非 逞志作威
리인골육 침인소해 조인비위 령지작위

辱人求勝 敗人苗稼 破人婚姻 苟富以驕
욕인구승 패인묘가 파인혼인 구부이교

苟免無恥 認恩推過 嫁禍賣惡 活買虛譽
구면무치 인은추과 가화매악 활매허예

包貯險心 挫人所長 護己所短 乘威迫脅
포지험심 좌인소장 호기소단 승위박협

縱暴殺傷 無故剪裁 非禮烹宰 散棄五穀
종폭살상 무고전재 비례팽재 산기오곡

勞擾衆生 破人之家 取其財寶 決水放大
로요중생 파인지가 취기재보 결수방대

以害民居 紊亂規模 以敗人功 損人器物
이해민거 문란미모 이패인공 손인기물

以窮人用 見他榮貴 願他流貶 見他富有
이궁인용 견타영귀 원타류폄 견타부유

願他破散 見他色美 起心私之 負他貨財
원타파산 견타색미 기심사지 부타화재

願他身死 千求不遂 便生咒恨 見他失便
원타신사 천구불수 편생주한 견타실편

便說他過 見他體相不具而笑之 見他才能可稱而抑之 埋蠱厭人
편설타과 견타체상불구이소지 견타재능가칭이억지 매고염인

用藥殺樹 恚怒師傅 抵觸父兄 强取詐求遷
용약살수 에노사부 저촉부형 강취사구천

賞罰不平 逸樂過節 苛虐其下 恐嚇於他
상벌불평 일악과즉 가학기하 공하어타

怨天尤人 呵風罵雨 鬪合爭訟 妄逐朋黨
원천우인 가풍매우 투합쟁송 망축붕당

用妻妾語 違父母訓 得新忘故 口是心非
용처첩어 위부모훈 득신망고 구시심비

貪冒於財 欺罔其上 造非惡語 讒毀平人
탐모어재 기망기상 조비악어 참훼평인

毀人稱直 罵神稱正 棄順效逆 背親向疏
훼인칭직 매신칭정 기순효역 배친향소

指天地以證鄙懷 引神明以鑑猥事 施與後悔 假借不還
지천지이증비회 기신명이감외사 시여후회 가차불환

分外靈求 力上施設 淫慾過度 心毒貌慈
분외영구 력상시설 음욕과도 심독모자

穢食餧人 左道惑衆 短尺狹度 輕秤小升

예식위인 제도혹중 단척협도 경칭소승

以僞雜眞 採取姦利 壓良爲賤 謾驀愚人

이위잡진 채취간리 압량위천 만맥우인

貪婪無厭 咒詛求直 嗜酒悖亂 骨肉忿爭

탐람무염 주저구직 기주패란 골육분쟁

男不忠良 女不柔順 不和其室 不敬其夫

남불충량 여불유순 불화기실 불경기부

每好矜誇 常行妒忌 無行於妻子 失禮於舅姑

매호긍과 상행투기 무행어처자 실례어구고

輕慢先靈 違逆上命 作爲無益 懷狹外心

경만선령 위역상명 작위무익 회협외심

自咒咒他 偏憎偏愛 越井越竈 跳食跳人

자주주타 편증편애 월정월조 도식도인

損子墮胎 行多隱僻 晦臘歌舞 朔旦號怒

손자타태 행다은벽 회랍가무 삭단호노

對北涕唾及溺 對竈吟詠及哭 又以竈火燒香 穢柴作食

대북체타급닉 대조음영급곡 우이조대소향 예시작식

夜起裸露 八節行刑 唾流星 指虹霓

야기라로 팔절행형 타류성 지홍예

輒指三光 九親日月 春月燎獵 對北惡罵

첩지삼광 구친일월 춘월료렵 대북악매

無故殺龜打蛇 如是等罪 司命隨其輕重 奪其紀算

무고살구타사 여시등죄 사명수기경중 탈기기산

算盡則死 死有餘責 乃抉及子孫 又諸橫取人財者
산진칙사 사유여책 내결급자손 우제횡취인재자

乃計其妻子家口 以當之 漸至死喪 若不死喪 則有水大盜賊
내계기처자가구 이당지 점지사상 약불사상 칙유수대도적

遺亡器物 疾病口舌諸事 以當妄取之値 又枉殺人者
유망기물 질병구설제사 이당망취지치 우왕살인자

是易刀兵而相殺也 取非義之財者 譬如漏脯救飢 鴆酒止渴
시역도병이상살야 취비의지재자 비여루포구기 짐주지갈

非不暫飽 死亦及之 夫心起於喜 喜雖未爲
비불잠포 사역급지 부심기어희 희수미위

而吉神己隨之 或心起於惡 惡雖未爲 而凶神己隨之.
이길신기수지 흑심기어악 악수미위 이흉신기수지

其有曾行惡事 後自改悔 諸惡莫作 衆喜奉行
기유증행악사 후자개회 제악막작 중희봉행

久久必獲吉慶 所謂轉禍爲福也 故吉人語喜
구구필획길경 소위전화위복야 고길인어희

親喜 行喜 一日有三喜 三年天必降之禍 胡不勉而行之
친희 행희 일일유삼희 삼천년필강지화 호불면이행지

太上老君說淸靜經

태상노군설청정경

老君曰

노군왈

大道無形 生育天地 大道無情 運行日月

대도무형 생육천지 대도무정 운행일월

大道無名 長養萬物 吾不知其名 强名曰道

대도무명 장양만물 오불지기명 강명일도

夫道者 有淸有濁 有動有靜 天淸地濁

부도자 유청유탁 유동유정 천청지탁

天動地靜 男淸女濁 男動女靜 降本流末

천동지정 남청여탁 남동유정 강본유미

而生萬物 淸者濁之源 動者靜之基 人能常淸靜

이생만물 청자탁지원 동자정지기 인능상청정

天地悉皆歸 夫人神好淸 而心擾之 人心好靜

천시실개귀 부인신호청 이심요지 인심호정

而慾牽之 常能遣其慾而心自靜 澄其心而神自淸 自然六慾不生

이욕견지 상능견기욕이심자정 징기심이신자청 자연육욕불생

三毒消滅 所以不能者 爲心未澄 慾未遣也

삼독소멸 소이불능자 위심미징 욕미견야

能遣之者 內觀其心 心無其心 外觀其形

능견지자 내관기심 심무기심 외관기형

形無其形 遠觀其物 物無其物 三者旣悟

형무기형 원관기물 물무기물 삼자기오

惟見於空 觀空亦空 空無所空 所空旣無
유견어공 관공역공 공무소공 소공기무

無無亦無 無無旣無 湛然常寂 寂無所寂
무무역무 무무기무 담연상적 적무소적

慾豈能生 慾旣不生 旣是眞靜 眞常應物
욕기능생 욕기불생 기시진정 진상응물

眞常得性 常應常靜 常淸靜矣 如此淸靜
진상득성 상응상정 상청정의 여차청정

漸入眞道 旣入眞道 名謂得道 雖名得道
점입진도 기입진도 명위득도 수명득도

實無所得 爲化衆生 名謂得道 能悟之者 可傳聖道
실무소득 위화중생 명위득도 능오지자 가전성도

老君曰
노군왈

上士無爭 下士好爭 上德不德 下德執德
상사무쟁 하사호쟁 상덕불덕 하덕집덕

執著之者 不名道德 衆生所以不得眞道者 爲有妄心
집저지자 불명도덕 중생소이불득진도자 위유망심

旣有妄心 旣驚其神 旣驚其神 其著萬物
기유망심 기경기신 기경기신 기저만물

其著萬物 旣生貪求 旣生貪求 旣是煩惱
기저만물 기생탐구 기생탐구 기시번뇌

기저만물 기생탐구 기생탐구 기시번뇌

煩惱妄想 憂苦身心 便遭濁辱 流浪生死

번뇌망상 우고신심 편조탁욕 유랑생사

常沈苦海 永失眞道 眞常之道

상침고해 영실진도 진상지도

悟者自得 得悟道者 常淸靜矣

오자자득 득오도자 상청정의

文昌帝君丹桂籍
문창제군단계적

帝君曰

제군왈

吾一十七世 爲士大夫身 未嘗虐民酷吏 救人之難

오일십칠세 위사대부신 미상학민혹리 구인지난

濟人之急 憫人之孤 容人之過 廣行陰騭

제인지급 민인지고 용인지과 광행음즐

上格蒼穹 人能如我存心 天必錫汝以福 於是訓於人曰

상경창궁 인능여아존심 천필석여이복 어시훈어인일

昔于公治獄 大興駟馬之門 竇氏濟人 高折五枝之桂

석우공치옥 대흥사마지문 두씨제인 고절오지지계

救蟻中狀元之選 埋蛇享宰相之樂 欲廣福田 須憑心地

구의중상원지선 매사향재상지악 욕광복전 수빙심지

行時時之方便 作種種之陰功 利物利人 修喜修福

행시시지방편 작종종지음공 리물리인 수희수복

正直代天行化 慈祥爲國救民 存平等心 擴寬大量

정직대천행화 자상위국구민 존평등심 확관대량

忠主孝親 敬兄信友 和睦夫婦 敎訓子孫

충주효친 경형신우 화목부부 교훈자손

毋慢師長 毋侮聖賢 或奉眞朝斗 或拜佛念經

모만사장 모모성현 혹봉진조두 혹배불념경

報答四恩 廣行三敎 談道義而化奸頑 講經史而曉愚昧
보답사은 광행삼교 담도의이화간완 강경사이효우매

濟急如濟涸轍之魚 救危如救密羅之雀 矜孤恤寡 敬老憐貧
제급여제고철지어 구위여구밀라지작 긍고휼과 경로련빈

擧喜薦賢 饒人責己 措衣食周道路之飢寒 施棺槨
거희천현 요인청기 조의식주도로지기한 시관곽

免屍骸之暴露 造漏澤之仁園 興啓蒙之義塾 家福提携親戚
면시해지폭로 조루택지인원 홍계몽지의숙 가복제휴친척

歲饑賑濟鄰朋 斗秤須要公平 不可輕出重入 奴僕待之寬怒
세기장제인붕 두칭수요공평 불가경출증입 노복대지관노

豈宜備責苛求 印造經文 創修寺院 捨藥材以拯疾苦
기의비청가구 인조경문 창수사원 사약재이증질고

施茶水以解渴煩 點夜燈以照人行 造河船以濟人渡 或買物而放生
시다수이해갈번 점야등이조인행 조하선이제인도 혹매물이방생

或持濟而戒殺 擧步常看蟲蟻 禁大莫燒山林 勿登山而網禽鳥
혹지제이계살 거보상간충의 금대막소산림 물등산이망금조

勿臨水而毒魚蝦 勿宰耕牛 勿棄字紙 勿謀人財産
물림수이독어하 물재경우 물기자지 물모인재산

勿妒人技能 勿淫人妻女 勿唆人爭訟 勿壞人名節
물투인기능 물음인처녀 물사인쟁송 물괴인명절

勿破人婚姻 勿因私仇使人兄弟不和 勿因小利使人父子不睦 勿倚權勢而辱喜良

물파인혼인 물인사구사인형제불화 물인소리사인부자불목 물의권세
이욕희량

勿恃富豪而欺窮困 依本分而致謙恭 守規矩而遵法度 和諧宗族
물시부호이기궁인 의본분이치겸공 수규거이준법도 화해종족

解釋寃怨 喜人則親近之 助德行於身心 惡人則遠避之
해석원원 희이칙친진지 조덕행어신심 악인칙원피지

杜災暎於眉睫 常須隱惡揚喜 不可口是心非 恒記有益之語
두재영어미첩 상수은악양희 불가구시심비 향기유익지어

罔談非禮之言 剪礙道之荊榛 除當途之瓦石 修數百年崎嶇之路
망담비예지언 전애도지형진 제당도지와석 수수백년기구지로

造千萬人來往之橋 垂訓以格人非 捐資人成人美 作事須循天理
조천만인래왕지교 수훈이격인비 연자인성인미 작사수순천리

出言要須人心 見先哲於羹牆 愼獨知於衾影 諸惡莫作
출언요수인심 견선철어갱장 신독지어금영 제악막작

衆喜奉行 永無惡曜加臨 常有吉神擁護 近報則在自己
중희봉행 영무악요가림 상유길신옹호 근보칙재자기

遠報則在兒孫 百福騈臻 千祥雲集 豈不從陰騭中得來者哉
원보칙재아손 백복병진 천상운집 기불종음즐중득래자재

關聖帝君覺世經

관성제군각세경

帝君曰

제군왈

人生在世 貴盡忠孝節義等事 方於人道無愧 可立於天地之間

인생재세 귀진충효절의등사 방어인도무괴 가립어천지지간

若不盡忠孝節義等事 身雖在世 其心旣死 是謂偸生

약불진충효절의등사 신수재세 기심기사 시위투생

凡人心旣神 神旣心 無愧心 無愧神 若是欺心

범인심기신 신기심 무괴심 무괴신 약시기심

便是欺神 故君子三畏四知 以愼其獨 勿謂暗室可欺

편시기신 고군자삼외사지 이신기독 물위암실가기

屋漏可愧 一動一靜 神明鑒察 十目十手

옥루가괴 일동일정 신명감찰 십목십수

理所必至 況報應昭昭 不爽豪髮 淫爲萬惡首

리소필지 황보응소소 불상호발 음위만악수

孝爲百行原 但有逆理於心有愧者 勿謂有利而行之 凡有合理於心無愧者

효위백행원 단유역리어심유괴자 물위유리이행지 범유합리어심무괴자

勿謂無利而不行 若負吾敎 請試吾刀 敬天地

물위무리이불행 약부오교 청시어도 경천지

禮神明 奉祖先 孝雙親 守王法

례신명 봉조선 효쌍친 수왕법

重師尊 愛兄弟 信朋友 睦宗族

중사존 애형제 신붕우 목종족

和鄕隣 別夫婦 敎子孫 時行方便

화향린 별부부 교자손 시행방편

廣積陰功 救難濟急 恤孤憐貧 修整廟宇

굉적음공 구난제급 휼교련빈 수정묘자

印造經文 捨藥施茶 愼殺放生 造橋修路

인조경문 사약시다 신살방생 조교수로

矜寡拔困 重粟惜福 排難解紛 捐貲成美

긍괴발인 중속석복 배난해분 연자성미

垂訓敎人 冤仇解釋 斗秤公平 親近有德

수훈교인 원구해석 두칭공평 친근유덕

遠避兇人 隱惡揚喜 利物救民 回心向道

원피흉인 은악양희 리물구민 회심향도

改過自新 滿腔仁慈 惡念不孝 一切喜事

개과자신 만강인자 악념불효 일체희사

信心奉行 人雖不見 神已早聞 加福增壽

신심봉행 인수불견 신기조문 가복증수

添子益孫 災消病癒 禍患不侵 人物咸寧

첨자익손 재소병유 화환불침 인물함녕

吉星照臨 若存惡心 不行喜事 淫人妻女

길성조림 약존악심 불행희사 음인처녀

破人婚姻 壞人名節 妒人技能 謨人財産

파인혼인 괴인명절 투인기능 모인재산
唆人爭訟 損人利己 肥家潤身 恨天怨地
사인쟁송 손인리기 비가윤신 한천원지
罵雨呵風 謗聖毁賢 滅像欺神 宰殺牛犬
매우가풍 방성훼현 멸상기신 재살우견
穢汚字紙 恃勢凌喜 倚富壓貧 離人骨肉
예오자지 시세릉희 의부압빈 리인골육
間人兄弟 不信正道 好盜邪淫 好尙奢詐
간인형제 불신정도 호도사음 호상사사
不重儉勤 輕棄五穀 不報有恩 瞞心昧己
부중검근 경기오곡 불보유은 만심매기
大斗小秤 假立邪敎 引誘愚人 詭說升天
대두소칭 가립사교 인유우인 궤설승천
斂物行淫 明瞞暗騙 橫言曲語 白日咒詛
렴물행음 명만암편 횡언곡어 백일주저
暗地謀害 不孝天理 不順人心 不信報應
암지모해 불효천리 불순인심 불신보응
引人作惡 不修片喜 行諸惡事 官詞口舌
인인작악 불수편희 행제악사 관사구설
水大盜賊 惡毒瘟疫 生敗産蠢 殺身亡家
수대도적 악독온역 상패산준 살신망가
男盜女淫 近報在身 遠報子孫 神明鑒察
남도여음 근보재신 원보자손 신명감찰

毫髮不爽 喜惡兩途 禍福攸分 行喜福報
호발부상 희악양도 화복유분 행희복보
作惡禍臨 吾作斯語 願人奉行 言雖淺近
작악화림 오작사어 원인봉행 언수천근
大益身心 戱悔吾言 斬首分形 有能持誦
대익신심 희회오언 참수분형 유능지송
消凶聚慶 求子得子 求壽得壽 富貴功名
소흉취경 구자득자 구수득수 부귀공명
皆能有成 凡有所祈 如意而獲 萬禍雪消
개능유성 범유소기 여의이획 만화설소
千祥雲集 諸如此福 惟喜可致 吾本無私
천상운집 제여차복 유희가치 오본무사
惟佑喜人 衆喜奉行 母怠厥志
유우희인 중희봉행 모태궐지

司命眞君經

사명진군경

道言

도언

東廚司令 定福眞君 仰承上帝 護衛下民
동주사령 정복진군 앙승상제 호위하민
燮理陰陽 調和鼎鼐 贊襄化育 保佑生成
섭리음양 조화정내 찬양화육 보우생성
俾壽而康 註福與祿 掃除疫癘 消滅災非
비수이강 주복여록 소제역여 소멸재비
五祀推尊 一家主宰 門丞戶尉 佐助行持
오사추존 일가주재 문승호위 좌조행지
財土井廁 諸神統屬 洋洋如在 赫赫昭臨
재토정측 제신통속 양양여재 혁혁소림
朝夕瞻依 悉蒙匡庇 爾等男女 各各須知
조석첨의 실몽광비 이등남녀 각각수지
道法無爲 神機莫測 任憑造作 不出權衡
도법무위 신기막측 임빙조작 불출권형
功過毫釐 莫逃鑒察 喜惡之報 如影隨形
공과호리 막도감찰 희악지보 여영수형

太上曰

태상왈

禍福無門 惟人自召 苟或非義而動 背理而行
화복무문 유인자소 구혹비의이동 배리이행

知過不改 知喜不爲 以曲爲直 以僞雜眞
지과불개 지희불위 이곡위직 이위잡진

以惡易好 以私廢公 耗人貨財 離人骨肉
이악역호 이사폐공 모인화재 리인골육

敗人苗稼 破人婚姻 苟富而驕 苟免無恥
패인묘가 파인혼인 구부이교 구면무치

强取强求 好侵好奪 怨天尤人 訶風罵雨
강취강구 호침호탈 원천우인 가풍매우

用妻妾語 違父母訓 棄訓敎逆 背親向疏
용처첩어 위부모훈 기훈교역 배친향소

淫慾過度 心毒貌慈 男不忠良 女不柔須
음욕과도 심독모자 남불충량 녀불유수

不和其室 不敬其夫 常行妬忌 失禮舅姑
불화기실 불경기부 상행투기 실례구고

輕慢先靈 違逆上命 越井越竈 跳食跳人
경만선령 위역상명 월정월조 도식도인

竈大燒香 穢柴作食 如是等罪 卽有司命
조대소향 예시작식 여시등죄 즉유사명

隨其輕重 奪其紀算 算盡卽死 死有餘映 爾時
수기경종 탈기기산 산진즉시 사유여영 이시

司命在庭 贊揚元化 重告世人 曰 世衰道微

사명재정 찬양원화 중고세인 일 세뇌도미

人舞德行 不忠君王 不孝父母 不敬師長
인무덕행 불충군왕 불효부모 불경사장

不友兄弟 不誠夫婦 不義朋友 不畏天地
불우형제 불성부부 불의붕우 불의천지

不懼神明 不禮三光 不重五穀 抛棄字紙
불구신명 불례삼광 불중오곡 포기자지

大斗小秤 殺生害命 貪財利己 邪淫叛逆
대두소칭 살생해명 탐재리기 사음반역

種種罪愆 三官鼓筆 太乙移文 發付陰譴
종종죄건 삼관고필 태을이문 발부음견

混亂形神 使之顚倒 人所賤惡 謀爲不順
혼란형신 사지전도 인소천악 모위불순

擧動皆非 日籔旬校 積至月晦 合當申奏
거동개비 일핵순교 적지월회 합당신주

不得稽延 吾故儀期上詣 天曹 奏呈罪簿
불득계연 오고의기상예 천조 성정죄부

稟令施行 三部分司 萬神聽命 致生惡疾
품령시행 삼부분사 만신청명 치생악질

輕重難逃 天律森嚴 大爲可畏 若有喜男信女
경중난도 천률삼엄 대위가외 약유희남신녀

知非悔過 返己深恩 人受天地中生 喜性根焉
지비회과 반기심은 인수천지중생 희성근언

孝悌衷焉 四端具焉 五行範焉 忠信胚焉
효제충언 사단구언 오행범언 충신배언

和遜傳焉 所爲人也 非比草木禽獸之爲類 故曰
화손전언 소위인야 비비초목금수지위류 고일

人身難得 樂土難生 人爲萬物靈 心爲一身主
인신난득 악토난생 인위만물령 삼위일신주

沉沉靜靜 昏昏黙黙 不慾以慾 不雜以僞
침침정정 혼혼묵묵 불건이욕 불잡이위

無親無聽 無恩無慮 發而爲言 溫和慈讓
무친무정 무은무려 발위이언 온화자양

發而爲行 中正端直 其於親 不期孝而自孝
발위이행 중정단직 기어친 불기효이자효

其於君 不期忠而自忠 其於兄弟 不期友敬
기어군 불기충이자충 기어형제 불기우경

而自友敬 其於夫婦 不期和順而自和順 不厚責於人
이자우방 기어부부 불희화순이자화순 불후책어인

不徇物以私 率性而行 擧皆中道 誠能如是
불순물이사 솔성이행 거개중도 성능여시

語喜行喜 條條是道 胡不勉諸 天尊言
어희행희 조도시도 호불면제 천존언

道在務本 人貴知本 本若不立 道何以生
도재무본 인귀지본 본약불립 도하이생

愛親敬長 以固根本 尊祖睦族 以存原本

애친경장 이고근본 존조목족 이존원본
倫常休乖 以篤敦本 禮法不越 以守有本
륜상휴괴 이독돈본 례법부월 이수유본
飮水恩源 以愼追本 受恩莫忘 以培厚本
음수은원 이신추본 수은막망 이배후본
天地生物 使其一本 人之受生 全其大本
천지생물 사기일본 인지수생 전기대본
然非水大 不能生活 報答神功 以示反本
연비수대 불능생활 보답신공 이시반본
此皆是道 無非崇本 夫司命者 操持水大
차개시도 무비숭본 부사명자 조지수대
掌握機樞 九轉生神 二儀生化 坎離交濟
장악기추 구전생신 이의생화 감리교제
醞釀太和 萬氣充盈 三元鎭固 玉液鍊質
온양태화 만기충영 삼원진고 옥액련질
黃華漑根 滋益百骸 烹調五味 武飮武食
횡회개근 자익백해 팽조오미 무음무식
關節通靈 不飢不寒 室家和樂 安常虛順
관절통령 불기불한 실가화악 안상허순
禍患不生 保命延年 福綠喜慶
화환불생 보명연년 복록희경

제9장
실용부적

실용부적

진택안가부(鎭宅安家符)

집에 사망귀(死亡鬼)가 있어 밤에 흔적이 있으면 경면주사로 부적을 써서 벽에 붙인다. 그럼 곧 집에 길하다.

진사심사념(鎭邪心邪念)

사람이나 동거자를 다스리려 할 때 사심사념(邪心邪念)이 일어나면 경면주사로 부적을 써서 벽에 붙인다. 그럼 재앙을 피할 수 있다.

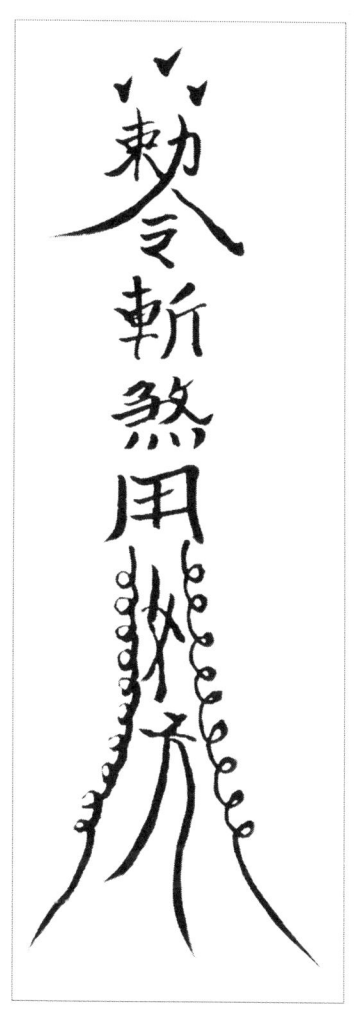

진가중요이(鎭家中妖異)

집에 요사하고 괴상한 일이 일어나면 경면주사로 부적을 써서 벽에 붙인다. 불길함을 피할 수 있다.

진부부불화(鎭夫婦不和)

집에 매일 부부 불화가 있으면 구각(口角:입의 양쪽 구석)에 부적을 새긴다.

진육축다병(鎭六畜多病)

집에 가축(六畜:집에서 기르는 대표적인 여섯 가지 가축)이 대부분 병에 걸려 불안하면 축사에 부적을 붙인다. 그러면 불길함을 멀리 피한다.

진도적상림(鎭盜賊常臨)

집에서 도적을 만나 침식(寢食:잠자는 일과 먹는 일)이 불안하면 부적을 나무에 새겨 마루에 두면 피할 수 있다.

진신택실리(鎭新宅失利)

새집에서 거주하려는데 불리한 일이 있으면 닭 피를 사용해 태을신령에게 부를 청하고 나무에 바르게 달면 해소되니 대길하고 큰 이익이 있다.

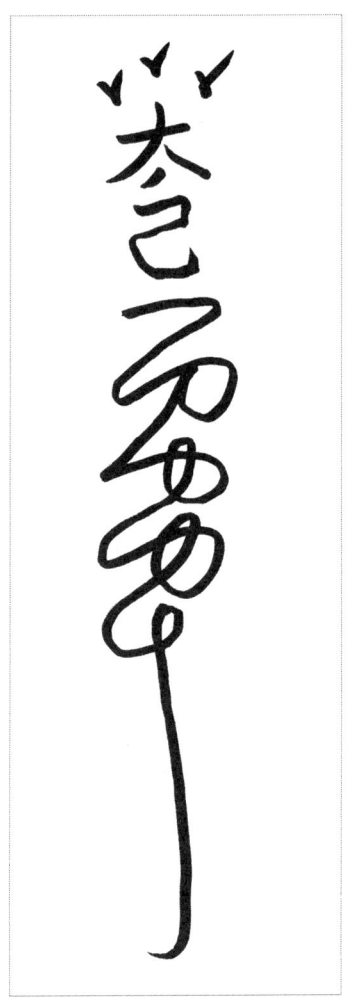

진정괴출현(鎭精怪出現)

집에 원망이 쌓여 괴이한 현상이 나타날 때 닭의 피로 부적을 그리고 태우면 괴이함을 죽일 수 있다.

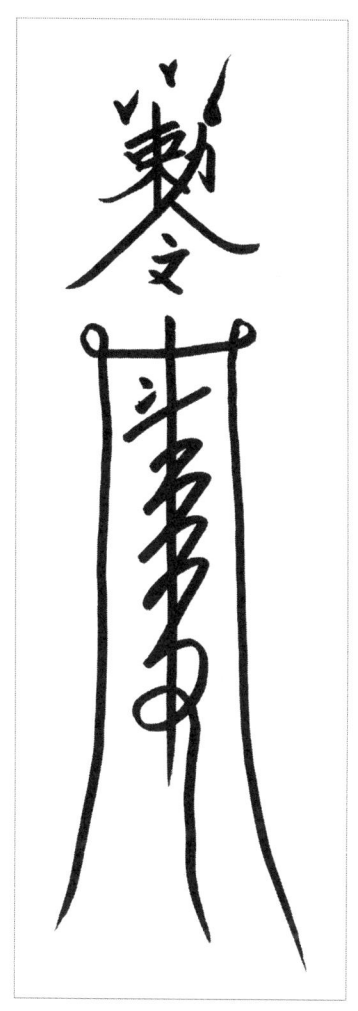

양부방옹고(禳婦妨翁姑)

혼인에 있어 방해가 있으면 시아버지와 시어머니가 황색 보자기에 부를 그리고 두 번 감아 차고 다니면 대길하다.

야행호신부(夜行護身符)

무릇 밤에 길을 나설 때 가장 무서운건 귀매(鬼魅:도깨비를 말함)로 부를 휴대하고 다심경을 말하면 곧 귀수(鬼祟:요괴와 유령/귀신 때문에 생기는 병)가 30리 물러나니 위험을 피할 수 있다.

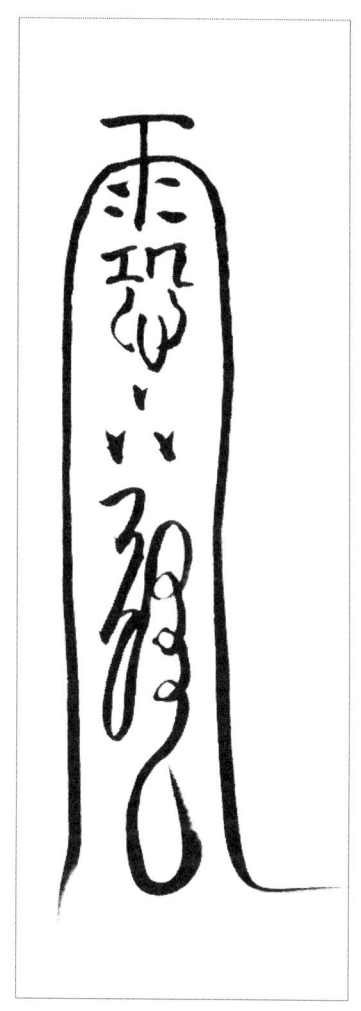

영인애모부(令人愛慕符)

무릇 남녀가 사랑하고 사모하는데 순조롭지 않으면 부를 한 장 그려 사용하는데 부적을 옷에 두거나 그게 여의치 않다면 차나 술에 두고 마시게 한다.

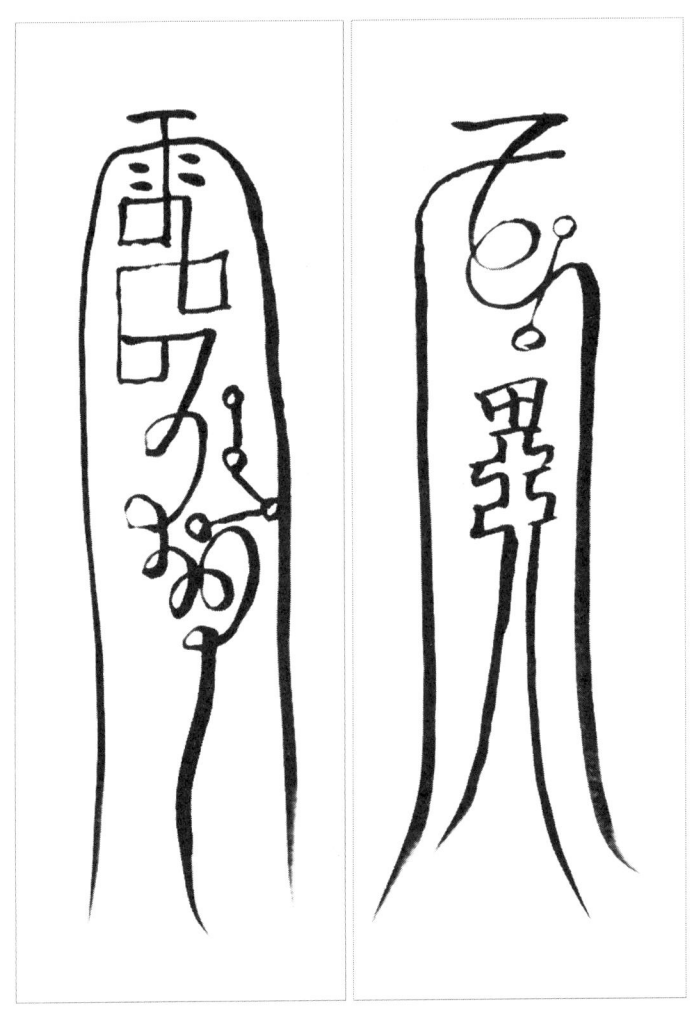

영인화호부(令人和好符)

부부가 서로 정을 통하려할 때 시부모가 부를 두 사람의 머리털 아래에 두면 좋게 화합이 된다.

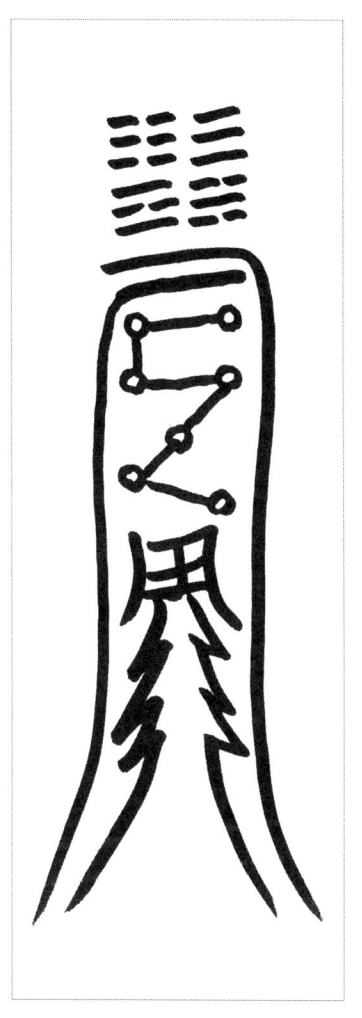

남녀역태부(男女易胎符)

부녀자가 임신을 했을 때 부적을 두 번 태워 고약에 붙여 여자의 살 위에 두면 남자는 여자와의 방사(房事:남녀가 성적으로 관계를 하는 것)를 꺼린다.

흥가거매부(興家袪魅符)

밤에 방에서 귀매(鬼魅:도깨비를 말함)를 본다면 집에 좋지 않은 일이 있는데 이럴 때 부를 위에 바르게 매달면 대길하다.

남녀상사부(男女相思符)

남녀가 일심으로 서로 생각할 때 닭 피로 부를 사용하는데 남욕여상사(男欲女相思)면 은밀하게 여자의 짚신에 부적을 두고 여욕남상사(女欲男相思)면 남자의 베개에 부적을 둔다. 서로 잊지 못한다.

미인자래부(美人自來符)

여자가 스스로 오기를 바라고 여자를 얻고 싶은 사람은 진흙을 녹인 물에 먹물을 넣고 주문을 외우면서 부를 그리면 효과가 있다.

흥아세길인천지악명명(興我世佶姻天地樂冥冥)

여어급수사호호(如魚及水思浩浩)

오봉삼산구후원군률령칙(吾奉三山九侯元君律令勅)

귀혼반백공(歸魂返魄功)

낮과 밤으로 불규칙하게 잠이 올 때 부를 손위에 그려 삼키고 주문을 외우면 편안하게 잠이 들 수 있다.

귀혼주(歸魂咒)

咒曰(주왈)

건곤지정,음양지영, 조화주야,이생이존,삼시감지,칠백안녕,오봉태을원군급급여률령칙

乾坤之精,陰陽之英,調和晝夜,以生以存,三屍鑒之,七魄安寧,吾奉太乙元君急急如律令敕

귀혼반백부(歸魂返魄符)

밤낮으로 졸릴 때 이 부를 사용하면 편안하게 효과를 볼 수 있다.